LES FONDAMENTAUX
LA BIBLIOTHÈQUE DE BASE DE L'ÉTUDIANT
EN DROIT, POLITIQUE, ÉCONOMIE, GESTION
— 1er cycle —

RELATIONS ÉCONOMIQUES INTERNATIONALES

Jean-Louis MUCCHIELLI
Professeur à l'Université de Paris I
(Panthéon-Sorbonne)

— 2e édition mise à jour —
(octobre 1994)

HACHETTE

LES FONDAMENTAUX
LA BIBLIOTHÈQUE DE BASE DE L'ÉTUDIANT
EN DROIT, POLITIQUE, ÉCONOMIE, GESTION
— 1er cycle —

Collection créée et animée par
Caroline Benoist-Lucy

Ouvrages parus en économie et gestion dans la même collection :

1 • *Comprendre la formulation mathématique en économie* (D. Schlacther)
3 • *Économie politique / 1. Introduction et microéconomie* (J. Généreux)
4 • *Économie politique / 2. Macroéconomie et comptabilité nationale* (J. Généreux)
5 • *Économie politique / 3. Les politiques en économie ouverte* (J. Généreux)
13 • *L'économie mondiale / 2. De 1945 à nos jours* (Y. Crozet)
14 • *Relations monétaires internationales* (C. Nême)
15 • *L'économie mondiale / 1. De la révolution industrielle à 1945* (Y. Crozet, C. Le Bas)
20 • *Comprendre les mathématiques financières / Cours et exercices résolus* (D. Schlacther)
21 • *Monnaie et problèmes financiers* (M. Dévoluy)
31 • *Économie de l'entreprise* (X. Richet)

Ouvrages du même auteur :

Mondialisation et régionalisation, un défi pour l'Europe (avec F. Célimène [éditeurs], Paris, Economica, 1993).
Multinationals and Europe 1992 (avec B. Burgenmeier [éditeurs], Londres, N.Y., Routledge, 1991).
Économie internationale (Paris, Dalloz, 1990).
Principes d'économie internationale (Paris, Economica, 1987).
Les firmes multinationales, mutations et nouvelles perspectives (Paris, Economica, 1985).

ISBN 2-01-145041-1

Avant-propos

Objet de l'analyse des relations économiques internationales

Pourquoi les pays échangent-ils entre eux ? Pourquoi un pays exportera-t-il plutôt des voitures et des produits agroalimentaires et importera-t-il plutôt des ordinateurs et du pétrole ? Quels sont les ressorts des spécialisations internationales ?... Telle est la première série de questions qu'il convient de se poser lorsqu'on analyse les relations économiques internationales ; elles concernent ***les déterminants des échanges internationaux de marchandises.***

Pourquoi les firmes qui exportent ou importent ces produits éprouvent-elles aussi, parfois, le besoin d'aller produire dans les pays étrangers et de délocaliser ainsi leur production, c'est-à-dire de devenir des firmes multinationales ? Pourquoi Moët-Hennessy s'implante-t-elle en Californie afin d'y produire du mousseux ? Pourquoi Majorette fabrique-t-elle une partie de ses jouets en Thaïlande ? Pourquoi Nissan produit-elle des voitures en Angleterre ? Cette production à l'étranger des firmes multinationales se substitue-t-elle à leur production nationale, et donc à leurs exportations, ou bien est-elle un complément à ses exportations ?... Telle est la deuxième série de questions ; elles concernent ***les déterminants de la délocalisation de la production des marchandises à l'étranger****.*

L'analyse des déterminants du commerce international et de la délocalisation de la production mettra en évidence que les agents économiques (États et firmes) adoptent ces comportements d'échanges et de multinationalisation parce que, en général, ils y trouvent un intérêt. Il reste à savoir quel est le degré d'échange et d'ouverture des frontières qui sera jugé le plus intéressant. Bien que de nombreux États soient favorables au libre-échange, ils pratiquent tous, néanmoins, un certain protectionnisme ; pourquoi ? C'est la troisième série de questions à se poser : quels sont ***les effets et les déterminants du protectionnisme ?***

Ainsi, après avoir décrit dans le premier chapitre les grandes tendances des échanges et des investissements aux XIX*e et* XX*e siècles, nous étudierons les déterminants de la spécialisation internationale (chapitres 2 et 3), ceux de la multinationalisation des firmes (chapitres 3 et 4) et, enfin, ceux des politiques commerciales et du protectionnisme (chapitre 6 et 7).*

J.-L. M.

À Françoise,

Table des matières

– 1 –

Les grandes tendances des échanges et des investissements internationaux

I - L'ÉMERGENCE DE L'ÉCONOMIE INTERNATIONALE

C'est au XIXe siècle que le commerce international de marchandises prend véritablement son essor. En moins de cent ans, de 1830 à 1913, le volume des échanges mondiaux est multiplié par vingt, au lieu de trois le siècle précédent. En 1913, ce commerce représente 33 % de la production mondiale ; en 1800 il n'en représentait que 3 %.

A/ Croissance et structure du commerce international

◆ Croissance des échanges

Tout au long du XIXe siècle, la croissance du commerce est plus vive que celle de la production. Les économies deviennent, de ce fait, beaucoup plus ouvertes sur l'extérieur. En 1913, les exportations représentent, pour les pays européens, 14 % de leur PNB contre 5,5 % en 1830 et 2 à 3 % au XVIIIe siècle. La valeur totale du commerce mondial est estimée à 800 millions de livres sterling en 1850 ; à 8 milliards en 1913.

Avec son formidable essor, le commerce international change de nature. Le commerce d'épices des siècles précédents est remplacé par des échanges de matières premières de base (qui représentent environ 60 % du commerce) et par un début d'échange de produits industriels.

◆ Structure géographique des échanges

Durant ce XIXe siècle, l'Europe est au cœur du commerce mondial : en 1850 elle réalise 70 % de ce commerce. La Grande-Bretagne en assure 20 % à elle seule, suivie par la France et l'Allemagne. Ces trois grandes puissances réalisent ensemble 40 % des échanges mondiaux. De ce fait, la structure des exportations de l'Europe est fortement dominée par cette même zone, puisqu'elle assure 70 % de ses propres débouchés.

Mais, progressivement, le rôle de l'Europe s'affaiblit. Ce déclin est net après 1880 : la part de l'Europe dans les échanges mondiaux revient aux alentours de 64 %, celle de l'Europe de l'Ouest à 50 %. On assiste alors à une légère diversification des destinations, l'Asie et l'Afrique représentant 13 % des exportations européennes au lieu de 6 % en 1800 ; la part de l'Amérique du Nord a, en revanche, tendance à décliner. La Grande-Bretagne a toutefois des exportations largement plus diversifiées que celles de l'Europe continentale puisqu'elle n'effectue que 35 % de ses exportations vers cette dernière.

La fin du siècle marque le déclin de la Grande-Bretagne dans le commerce mondial. Sa part passe de 20,3 % en 1850 à 14 % en 1913. Toutefois, à cette dernière date, elle a encore le poids individuel le plus important dans le commerce. Durant tout ce XIXe siècle, l'Amérique du Nord est le principal partenaire de l'Europe. Les États-Unis sont alors les grands pourvoyeurs de coton de l'Europe — coton qui représente, en 1869, les deux tiers de ses exportations.

Les principaux déterminants de cet essor du commerce international ont trait essentiellement aux révolutions industrielles qui ont marqué le XIXe siècle, ainsi qu'à l'évolution des idées et des politiques.

B/ Les déterminants des échanges internationaux

◆ Les innovations

La première révolution industrielle prend naissance en Grande-Bretagne au milieu du XVIIIe siècle. Les innovations techniques dans la *filature et le tissage du coton* ont fait progresser très fortement la production de ce secteur. L'*industrie du fer* est également au cœur d'une seconde révolution industrielle. Les fourneaux au coke se multiplient aux dépens de ceux utilisant le charbon de bois. Entre 1760 et 1788, la production de fonte double ; au cours des vingt années suivantes elle quadruple.

Le XIXe siècle est également marqué par des innovations dans les *moyens de transport*. La machine à vapeur, le moteur à combustion, l'électricité, etc., sont autant de révolutions qui transforment radicalement les moyens de communication nationaux et internationaux. Les routes, les canaux et les chemins de fer connaissent alors une expansion rapide.

La marine marchande à vapeur remplace progressivement celle à voile. En 1840, la première représente 4 % du total de la flotte commerciale ; ce pourcentage atteint 90 % en 1900. Grâce à cela, les coûts de transport s'effondrent. Le prix du fret maritime diminue dans des proportions de 7 à 1 au cours du siècle.

Cette chute des coûts de transport, associée à celle des coûts de fabrication, réduit les prix des marchandises et facilite considérablement les échanges internationaux.

◆ La croissance économique

L'émergence de l'économie internationale a été expliquée jusqu'ici en termes d'évolutions techniques et technologiques dans la production et les transports. Mais ces évolutions ne peuvent être dissociées de celles des hommes, de la *croissance de la population* et de ses *migrations*.

Entre 1800 et 1920, la population européenne fait plus que tripler ; elle passe de 144 millions d'individus à 486 millions. Son taux de croissance est plus rapide que celui de la population d'Afrique ou d'Asie. En 1900, la population européenne représente 26 % de la population mondiale au lieu de 21 % en 1800 ; celle de l'Amérique du Nord représente 5 % de la population mondiale au lieu de 0,7 %. Les principaux facteurs explicatifs de cette croissance résident dans la baisse de la mortalité, l'amélioration des conditions sanitaires et du niveau de vie en général. Cette forte progression augmente les besoins de consommation de la population.

◆ Croissance des investissements et du niveau de vie

La croissance économique du XIXe siècle est la résultante des innovations et de la croissance démographique, mais aussi de l'*investissement*. Entre 1830 et 1870, l'accumulation du capital passe de 7 % du produit national brut à 14 %. Cette croissance résulte d'investissements lourds d'équipement dans les industries textiles, la sidérurgie, mais aussi dans les chemins de fer, la marine marchande, etc.

Le XIXe siècle est un siècle de forte croissance, comparé aux siècles précédents. Les taux de croissance du produit national sont parfois supérieurs à

5 %, avec des taux de croissance par habitant allant jusqu'à 4 %. Durant toute la période, on a pu estimer la croissance du niveau de vie de la population européenne à environ 1,25 % par an (A. G. KENWOOD et A. L. LOUGHEED, 1983).

◆ Les idées libérales et l'ère de libre-échange

Les idées libérales peuvent se retrouver, pour leur part, dans la théorie des physiocrates français qui réclament, au XVIIIe siècle, la règle du *laisser faire, laisser passer,* pour réduire les interdictions à l'exportation des produits agricoles. Ces vues furent reprises par de grands auteurs comme Adam Smith dans *La richesse des Nations* (1776) et Ricardo dans son traité sur l'impôt (1817), lorsqu'ils construisirent un cadre théorique rigoureux en mettant en évidence la nature des spécialisations internationales et les gains mutuels que l'échange pouvait apporter aux partenaires commerciaux (cf. chapitre 2).

Dans les faits, on assiste progressivement à un démantèlement du protectionnisme. La Grande-Bretagne constitue le foyer principal du libre-échange. Une des premières applications de la doctrine du libre-échange est réalisée en 1786 avec le traité franco-britannique d'Eden. Cependant, la généralisation du libre-échange échoue dans un premier temps, avec la Révolution française et les guerres napoléoniennes.

En 1846, la Chambre des communes britannique abolit les lois sur le blé, prévoyant pour 1849 la complète application de cet acte. Le taux moyen des tarifs douaniers en Grande-Bretagne est estimé à 60 % à la fin des années 1820, puis à 31 % à la fin des années 1830 (W. FISCHER, « Swings between Protection and Free Trade in History », in H. GIERSCH, ed., *Free Trade in the World Economy...,* J. C. B. Mohr, 1987). A la fin des années 1840, les barrières douanières de la Grande-Bretagne sont estimées globalement à 5 % sur les matières premières, 12 % sur les produits intermédiaires et 20 % sur les produits finis (C. P. KINDLEBERGER, « The Rise of Free Trade in Western Europe, 1820-1875 », *Journal of Economic History,* 1975).

En Europe continentale, l'Union douanière des États allemands et l'unification de l'Italie contribuèrent à renforcer les options et les politiques de libre-échange. Les vingt-cinq années qui ont suivi 1850 peuvent être considérées comme une ère de libre-échange relatif.

◆ 1880-1890 : le retour au protectionnisme

Tout au long du XIXe siècle, la Grande-Bretagne continue sa politique de libre-échange (en particulier sous l'influence de l'économiste Alfred Marshall) ainsi que la Hollande et les Pays-Bas. Mais la majeure partie de l'Europe continentale, du fait des guerres et des difficultés économiques qui s'ensuivirent (guerre franco-allemande de 1870 et grande dépression de 1873-1896), replonge dans le protectionnisme.

La fin des années 1880 et le début de la décennie 1890 sont ponctués par des guerres tarifaires et des actions de représailles, notamment entre la France et l'Italie, la France et la Suisse, l'Allemagne et la Russie et l'Allemagne et le Canada. En 1892, l'imposition du tarif Méline en France marque le retour à un haut niveau de protectionnisme, avec une augmentation moyenne de 25 % des taxes sur les produits agricoles et un accroissement substantiel des tarifs sur les produits manufacturés. Au début du XXe siècle, la moyenne des tarifs est approximativement la suivante : Russie 28 %, États-Unis 18,5 %, France 9,8 %, Allemagne 9,8 % et Autriche 7,5 %.

Ces premiers éléments vont alors marquer le début des grandes évolutions du commerce international au XXe siècle.

II - LES GRANDES ÉVOLUTIONS DU COMMERCE INTERNATIONAL AU XXE SIÈCLE

A/ Les évolutions cycliques

Le XXe siècle, pour sa part, débute par une très forte contraction entre 1913 et 1950 : la croissance du commerce, quasi nulle, est alors largement en dessous de celle de la production. Puis intervient une période d'explosion du commerce mondial entre 1950 et 1973. Cette deuxième phase est interrompue en 1973 du fait de la crise du pétrole, les taux de croissance du commerce, comme ceux de la production, étant nettement plus faibles par la suite.

◆ La dislocation des échanges – 1913-1950

La première guerre mondiale et la crise économique de 1929 contribuent à la désintégration du commerce international dans les années 1930. Par souci de sauvegarde de leur propre économie, les pays adoptent aveuglément des politiques de restriction des importations, sans penser que les importations des uns sont les exportations des autres. La généralisation du protectionnisme tarifaire ou quantitatif ne fait alors qu'aggraver la crise économique.

En Grande-Bretagne, le gouvernement adopte en 1931 le *British Emergency Act,* permettant des droits de douane de 100 % ; en 1932, l'*Import Duties Act* amplifie ce phénomène.

Figure 1.1
Tendances historiques de la croissance du PIB réel et des exportations dans dans divers pays – 1720-1985
(taux de croissance en pourcentage)

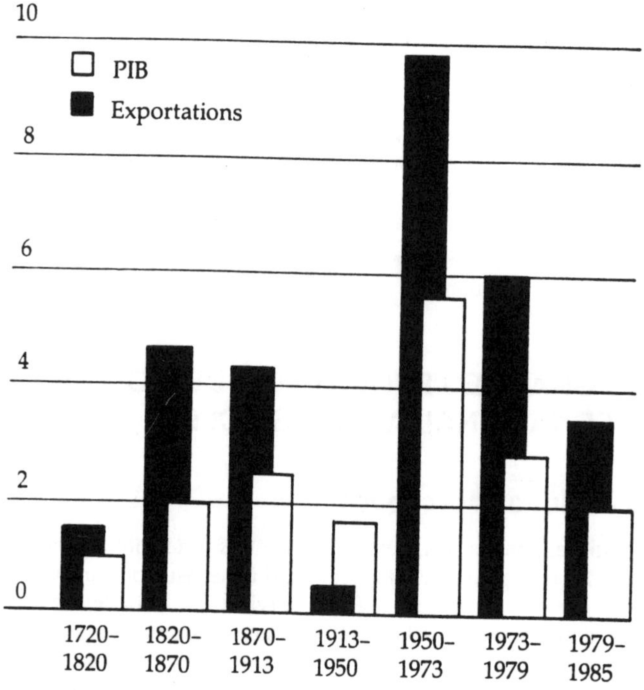

Source : Banque Mondiale, *Rapport sur le développement dans le monde*, Washington ; GATT, *Le commerce international*, Genève, 1989.

La France est l'un des premiers pays à appliquer des mesures de restriction quantitative à une grande échelle afin de combattre, pense-t-elle, la récession. Le gouvernement met en place des quotas à l'importation pour réduire la pénétration des produits agricoles étrangers dont la concurrence s'avivait. Elle est rapidement suivie par un grand nombre d'autres pays. Ces pratiques protectionnistes amènent alors des représailles de la part des partenaires, qui entraînent à leur tour des contre-représailles contribuant ainsi à diminuer fortement les échanges.

Les conflits du début du XXe siècle et la crise économique marquent un nouveau déclin de l'Europe dans le commerce mondial. En 1948, la part de l'Europe de l'Ouest dans ce commerce est à son plus bas niveau : elle n'en représente plus que 35 %, au lieu de 60 % en 1880. Le commerce intra-européen lui-même passe de 40 % du commerce mondial en 1913 à 29 % en 1938 (KEENWOOD et LOUGHEED, 1983). Ce déclin profite aux États-Unis : l'Amérique du Nord assure, à cette même date, 22 % du commerce mondial.

◆ L'âge d'or de la croissance et la rupture de 1974

A l'inverse des années d'avant-guerre, *la période 1949-1973 peut être considérée comme celle de l'âge d'or de la croissance mondiale et du commerce* international. Jamais la croissance économique n'avait connu une telle dynamique. Les taux de croissance moyens de la production industrielle avoisinent les 6 % l'an ; le Japon connaît même des taux de croissance largement supérieurs à 10 %. La croissance du commerce international est en général de 4 points supérieure à celle de la production. Cette croissance exceptionnelle prend fin en 1974.

La rupture de 1974 frappe alors tous les pays développés avec une relative simultanéité et une force exceptionnelle puisque, souvent pour la première fois depuis la seconde guerre mondiale, les productions intérieures brutes ont stagné et même régressé.

De nombreuses hypothèses ont été avancées pour expliquer cette rupture, concernant notamment l'essoufflement de la forte croissance dans les années 1960 (P. DUBOIS, « La rupture de 1974 », *Economies et Statistiques*, août 1980), mais les chocs pétroliers semblent constituer un élément explicatif majeur.

◆ Chocs pétroliers et contre-choc

Le *premier choc pétrolier* est sans précédent dans l'histoire du commerce international. A la mi-octobre 1973, l'ensemble des treize membres de l'OPEP (Organisation des pays exportateurs de pétrole) s'accorde pour augmenter en même temps le prix du pétrole brut de 70 % ; en décembre 1973, intervient une nouvelle augmentation de 130 %. En quelques mois, le prix du baril de pétrole passe ainsi de 2 dollars à 14 dollars.

Ce choc eut un double effet de récession et d'inflation dans les pays industrialisés, combinaison de deux maux appelée *stagflation*. Engendrant une ponction importante de revenu des pays industrialisés pour payer le même volume de pétrole (de 2 à 3 % du produit national brut), la crise de 1973-1974 casse la croissance économique, accentue la montée du chômage et engendre des déficits des balances des paiements considérables. Provoquant une hausse des prix de l'énergie importée, le choc pétrolier participe à l'accélération de l'inflation que connaissent alors tous les pays développés.

Après une période de relative stabilité du prix du pétrole, le *second choc pétrolier,* lié au déclenchement de la guerre Iran-Irak, intervient en 1979. Il fait passer le prix du pétrole de 12 à 35 dollars le baril. Entre 1978 et 1981, le prix augmente de 167 %. En France, l'appréciation du dollar de 1980 à 1985 augmente encore le prix en francs de l'énergie importée. Ainsi, la facture énergétique passe de 17 milliards de francs en 1973 à 187 milliards en 1984. Elle représente alors jusqu'à 29 % des importations totales, 6 % du PIB et 3 trois mois d'exportations en 1981.

Ces deux crises, associées à un dérèglement du système monétaire international et à une montée des déséquilibres macroéconomiques, contribuent largement à ralentir la croissance économique et, par là même, les échanges internationaux.

Les difficultés des années 1970 sont accrues par la montée de la concurrence dans le commerce international, liée à l'émergence de nouveaux pays exportateurs et au déclin des vieilles industries européennes. Cela provoque alors un certain renouveau du protectionnisme, essentiellement sous la forme de barrières non tarifaires, que l'on appelle « nouveau protectionnisme » (cf. chapitre 6). Ce phénomène a ralenti la reprise du commerce international dans les années récentes. Après une stagnation au début des années quatre-vingt avec une diminution en 1982, le commerce international en volume a crû en moyenne d'environ 6 % entre 1985 et 1990; en 1992, ce taux de croissance était de 4 %.

B/ Les évolutions structurelles du commerce mondial

◆ Les évolutions structurelles par produits

La structure par produits du commerce international en 1992 met en évidence une nette suprématie des produits manufacturés, qui représentent 78,7 % des échanges mondiaux de produits. Dans les produits manufacturés, les biens d'équipement (machines et matériels de transport) représentent, en 1992, 47 % du commerce mondial. Ils connaissent des taux de croissance de leurs échanges très élevés, de plus de 15 % sur la période 1985-1990 et de 22 % sur la seule année 1992.

L'analyse en dynamique montre une inversion totale entre le poids des produits manufacturés dans le commerce mondial et celui des produits primaires, entre 1937 et 1992.

Figure 1.2
Part des produits primaires et manufacturés dans le commerce mondial
1937-1992

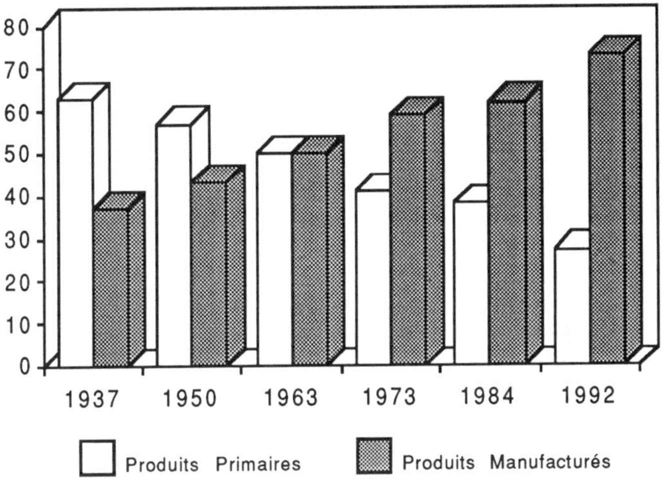

◆ Les échanges intrabranches

L'importance des échanges internationaux de produits manufacturés a contribué à développer un type de commerce appelé *intrabranche* ou *intra-industriel*. Le commerce est dit intrabranche lorsque deux pays partenaires échangent (exportent et importent) des produits appartenant à la même branche ou catégorie de produits. Par extension, un pays aura un fort pourcentage d'échanges intrabranche lorsqu'il exportera et importera en grandeurs relativement comparables des produits d'une même branche : par exemple, exportations et importations de voitures de tourisme, exportations et importations de machines, etc. (cf. chapitre 3).

Ce type de commerce fait appel alors à des spécialisations entre pays, beaucoup plus fines que celles qui consistent à exporter des machines et à importer des produits alimentaires. Ici, on échange certains types de machines contre d'autres, des pièces détachées contre les produits montés ou bien des produits de consommation de même nature (voitures, vêtements) mais différenciés par leur qualité ou par les différences de goûts des consommateurs eux-mêmes.

◆ Les échanges de services

Entre 1968 et 1992, la part des services dans les exportations mondiales totales passe de 27 % à plus de 30 %. Ils représentent maintenant plus du tiers des échanges totaux. L'augmentation des services dans les échanges est due à la forte expansion des revenus d'investissement : leur poids dans les exportations de services a pratiquement doublé entre 1965 et 1990. Parmi les services autres que les revenus d'investissements, les postes tourisme et voyages, ainsi que transports, représentent les secteurs les plus importants.

◆ Redistribution des rôles parmi les pays développés

Les pays qui ont le plus grand poids dans le commerce mondial de marchandises sont : les États-Unis, l'Allemagne et le Japon. A eux trois, ils assurent 32,6 % des exportations et importations mondiales en 1992. Ensuite viennent la France, la Grande-Bretagne, l'Italie, les Pays-Bas, puis le Canada et l'UEBL ; ces dix derniers pays réalisent, en 1992, 59,7 % des exportations mondiales et 58 % des importations ; les pays du G7 (ces mêmes pays moins l'UEBL et les Pays-Bas) effectuent à eux seuls plus de la moitié du commerce international.

Lorsqu'on examine les évolutions de longue tendance, on observe une nette redistribution des rôles dans le commerce mondial. En 1950, le poids des États-Unis, assurant 32 % du commerce, était nettement dominant, la Grande-Bretagne se situant en deuxième position. Les décennies 1960 et 1970 ont vu le déclin de ces deux économies dans le commerce international au profit du retour de la RFA et d'une forte remontée du Japon. La France, qui dépassait largement la RFA en 1950, est maintenant distancée par elle et par le Japon ; le glissement de la Grande-Bretagne de la deuxième à la cinquième place permet cependant à la France de ne régresser que de troisième en quatrième position.

Tableau 1.1
Part des principaux pays développés dans les exportations mondiales 1950 et 1992

	RFA / Allemagne	Japon	États-Unis	France	Royaume-Uni
1950	6	3	32	10	20
1992	11,5	9,2	12	6,3	5,1

Source : GATT, 1988,1992.

◆ Émergence des nouveaux pays industrialisés

Depuis les années 1970, un groupe de pays en développement joue un rôle important dans le commerce mondial. Ces pays, appelés « nouveaux pays industrialisés » (NPI), se caractérisent par trois facteurs : un rôle croissant dans les exportations mondiales de produits manufacturés, un rythme d'industrialisation et d'augmentation de leur production nationale important et des politiques tournées vers l'extérieur, souvent caractérisées par une stratégie de promotion des exportations.

Une première vague de NPI est dominée par quatre pays d'Asie du Sud-Est : Hong Kong, la Corée du Sud, Singapour et Taïwan, ainsi que par deux pays d'Amérique latine : le Brésil et le Mexique (OCDE, 1988). Leur poids dans les exportations mondiales de produits manufacturés dépasse dorénavant les 10 %. En 1992, Hong Kong est le dixième exportateur mondial de produits manufacturés, juste derrière le Benelux, tandis que Taïwan est le douzième, la Corée du Sud le treizième et Singapour le seizième.

Tableau 1.2
Part des NPI dans les exportations mondiales de produits manufacturés 1965-1992 (en pourcentage)

	1965	1973	1980	1992
Hong Kong	0,8	1,3	1,6	3,2
Corée	0,1	0,8	1,4	2,1
Singapour	0,3	0,5	0,8	1,7
Taïwan	0,2	1	1,6	2,2
Total NPI d'Asie	1,4	3,6	5,4	9,2
NPI (Asie + Brésil + Mexique)	—	4,9	6,5	11,2

Sources : OCDE, *Les Nouveaux Pays industriels, défi et opportunités pour les industries des pays de l'OCDE*, Paris, 1988 ; GATT, 1993.

Les pays importateurs sont principalement les pays développés. Les secteurs initialement les plus pénétrés furent les vêtements et autres produits textiles, les chaussures. Progressivement, des produits plus sophistiqués prirent de l'importance comme les équipements de télécommunication, les appareils radio et autres appareils d'enregistrement et de reproduction du son, ainsi que les machines et appareils électriques.

Les années 1980 ont vu à leur tour surgir un second groupe de pays en développement exportant des produits manufacturés. Il s'agit essentiellement d'autres pays asiatiques comme la Thaïlande, la Malaisie, l'Indonésie, l'Inde, les Philippines, le Pakistan, Macao. Ces nations se substituent progressivement aux premiers NPI dans les exportations de vêtements et autres produits manufacturés banalisés. A partir des années 1990, la Chine continentale intervient de plus en plus dans les échanges internationaux de marchandises : en 1992, ses exportations représentaient 2,3 % des exportations mondiales ; elle devenait ainsi le onzième pays exportateur.

C/ Les éléments constitutifs d'un monde tripolaire

◆ La dérive des continents

En dynamique, les indicateurs montrent la forte progression du rôle de l'Asie, la lente diminution de celui de l'Amérique et la stagnation de l'Eurafrique (Europe + Afrique). Entre 1973 et 1988, l'Asie gagne plus de huit points dans le commerce mondial, plus de dix dans le commerce interzones, et le poids de ses échanges intrazones augmente de quatre points. La dynamique de la zone Asie se retrouve également dans son commerce bilatéral avec chacune des deux autres zones, et en particulier avec l'Amérique. Il est à souligner que pour la première fois, en 1984, les échanges transpacifiques ont dépassé, par leur importance, les échanges transatlantiques.

En 1963, le commerce transpacifique ne représente qu'un tiers environ des échanges transatlantiques. Comme le soulignent les experts du GATT : « ce déplacement de l'activité commerciale n'est pas un phénomène de court terme » (1985), il modèle au contraire la nouvelle donne des échanges mondiaux. Cette évolution s'est depuis confirmée. Entre 1973 et 1992, les courants d'échanges mondialement les plus dynamiques sont ceux qui concernent le commerce de l'Asie : d'abord le commerce intrazone, puis le commerce avec l'Amérique du Nord et, enfin, celui avec l'Europe occidentale (cf. GATT, 1989).

◆ La triade

A la vision Nord-Sud des relations économiques internationales, il semble qu'il faille maintenant opposer celle d'un *monde tripolaire* (triade) Amérique-Asie-Eurafrique, et analyser les échanges internationaux dans cette nouvelle optique.

Chaque zone apparaît comme un *système hiérarchisé,* avec un pays ou un groupe de pays leaders, une sous-zone en développement fortement reliée au leader par son commerce, et des tentatives de politiques de coopération intrazone. Chaque zone se décompose en trois sous-groupes :

– pour l'Amérique : Etats-Unis, Canada + Mexique, Amérique du Sud ;
– pour l'Europe : CEE, reste de l'Europe occidentale, Afrique ;
– pour l'Asie : Japon, NPI + Australie, Nouvelle-Zélande, reste de l'Asie.

Chacune de ces zones a un « noyau dur » autour duquel se négocient des accords de partenariat de type libre-échange ou union douanière ; c'est le cas pour l'Europe (Marché commun, puis horizon 1992), pour l'Amérique du Nord (ALENA : Association de libre-échange nord-américaine) et, pour l'Asie, avec les tentatives d'un traité de libre-échange des pays du Pacifique ou lors de la constitution de l'ASEAN.

Les autres zones du monde, à savoir l'Europe orientale, la Chine et le Moyen-Orient, peuvent être considérées comme des sous-zones stratégiques, amenées à s'intégrer dans un des blocs déjà considérés, où à être des zones de conflits. Un des enjeux majeurs de la fin de ce siècle réside sans nul doute dans l'évolution de la situation de l'Europe orientale et dans sa capacité, pour une grande partie de celle-ci, à renforcer (ou remodeler) le bloc Europe, et même à remplacer dans ce bloc une Afrique noire exsangue.

III - MULTINATIONALISATION DES FIRMES ET COMMERCE INTERNATIONAL

Le commerce international est réalisé par les firmes. Mais celles-ci peuvent également s'implanter à l'étranger afin de mieux contrôler leurs marchés extérieurs ou leurs sources d'approvisionnement. Elles peuvent établir des succursales de vente, mais aussi des unités de production. Elles deviennent multinationales et cette multinationalisation va agir sur les flux d'échanges internationaux.

A/ Multinationales et investissements : définitions

◆ La firme multinationale

> *Une firme multinationale est une entreprise qui fabrique tout ou partie d'un produit à l'étranger. La production à l'étranger est l'essence même de la multinationalisation : elle nécessite l'établissement de filiales à l'étranger.*

La multinationalisation est en général le résultat d'une stratégie mondiale de long terme de l'entreprise. La firme peut connaître alors plusieurs stades d'organisation et de stratégie : régionaux, multirégionaux et mondiaux. Dans ce dernier stade, il y aura *globalisation* de sa stratégie, tous les pays seront considérés comme un seul et même marché où la firme interviendra simultanément.

◆ Investissements directs à l'étranger

Les *investissements directs à l'étranger* sont des investissements effectués pour créer une filiale ou avoir un certain contrôle sur une entreprise étrangère. La notion de contrôle est définie à l'aide d'un pourcentage d'actifs de la firme détenus par l'investisseur. Ce pourcentage diffère cependant selon les statistiques des différents pays. Aux États-Unis et au Canada, il est égal à 10 % des actifs, en France et en Grande-Bretagne il est égal à 20 %, en RFA il est situé entre 25 et 50 %.

Ce niveau de détention d'actifs permet de différencier, parmi les mouvements de capitaux à long terme, les *investissements de portefeuille* des investissements directs. Les premiers sont considérés comme des placements internationaux, les seconds introduisent une notion de pouvoir de décision de l'investisseur sur l'entreprise rachetée ou construite à l'étranger (filiale). L'investissement direct à l'étranger implique en général, non seulement un transfert de fonds financiers, mais en même temps un transfert de technologie et de capital humain par l'intermédiaire de cadres expatriés s'impliquant dans la production à l'étranger.

Les données statistiques sur les investissements directs à l'étranger et en provenance de l'étranger sont appréhendées au niveau de la balance des paiements, dans le cadre de la balance des capitaux. Ces données prennent en compte les flux annuels de sorties et de rentrées nettes d'investissements directs. Toutefois, ces flux ne représentent pas l'ensemble du stock de capitaux investis par les firmes dans leurs filiales étrangères. Les données statistiques sur les fonds recueillis par les filiales étrangères des multinationales américaines, entre 1966 et 1972, indiquent la répartition suivante : 13 % en provenance des États-Unis (et en quasi-totalité de la maison mère), les autres ressources provenant de l'étranger, dont 50 % de profits réinvestis et de fonds d'amortissement et 30 % de ressources externes. Ainsi, plus de 80 % des ressources financières des filiales ne provenaient pas des États-Unis (voir N. Hood et S. Young, *The Economics of Multinational Enterprise*, Longman, 1979).

◆ Organisation de la production et firmes multinationales

Progressivement, la firme multinationale organise un réseau international, de conception, de production, d'assemblage et de commercialisation de ses produits. Les relations entre les filiales et la maison mère au niveau international donnent lieu à un *commerce international intra-firme*. Les relations avec d'autres firmes développent un commerce inter-firmes, lié souvent à l'approvisionnement en matière première, à la fabrication de certaines pièces ou parties des produits, à l'assemblage ou bien à la commercialisation du produit final.

Les firmes multinationales sont ainsi au cœur d'un vaste réseau d'échanges internationaux, par l'intermédiaire de relations contractuelles avec les autres firmes ou de relations avec leurs filiales.

◆ Le poids des multinationales dans le commerce mondial

Une manière d'estimer l'importance des firmes multinationales dans le commerce international est de calculer la proportion des importations et des exportations des pays qui est réalisée par des entreprises multinationales, que ce soit dans le cadre d'un commerce intra-firme ou d'un commerce inter-firmes. Seuls les États-Unis fournissent des données complètes des flux commerciaux associés aux multinationales. Ainsi, en 1983, les multinationales basées aux États-Unis réalisaient les trois quarts des exportations américaines et environ la moitié des importations (ONU, 1988).

Les données sur la Grande-Bretagne indiquent également qu'au début des années 1980, les multinationales sont responsables de 80 % des exportations. A l'inverse des États-Unis, où la plupart des exportations associées aux multinationales sont le fait des multinationales américaines, les multinationales étrangères basées en Grande-Bretagne sont responsables d'environ 30 % des exportations anglaises.

Ainsi, entre le cinquième et le tiers des échanges internationaux des principaux pays développés sont intra-firme. Ce type d'échanges est particulièrement concentré dans les produits de haute technologie et les produits manufacturés complexes (automobiles, électronique) qui peuvent, par ailleurs, nécessiter de nombreux services après vente spécifiques — d'autant mieux réalisés qu'ils le sont par des filiales de la firme productrice.

◆ La division internationale des processus productifs

Les activités internationales des firmes se sont généralement accrues avec la possibilité de décomposer les produits. Plus le produit est complexe et plus il se compose de sous-ensembles ou de composants qui peuvent être fabriqués de façon autonome les uns des autres. Un véhicule automobile comporte, par exemple, plus de 5 000 pièces. Ses composants sont progressivement réunis

Figure 1.3
Les réseaux mondiaux dans l'industrie automobile : la Ford Escort

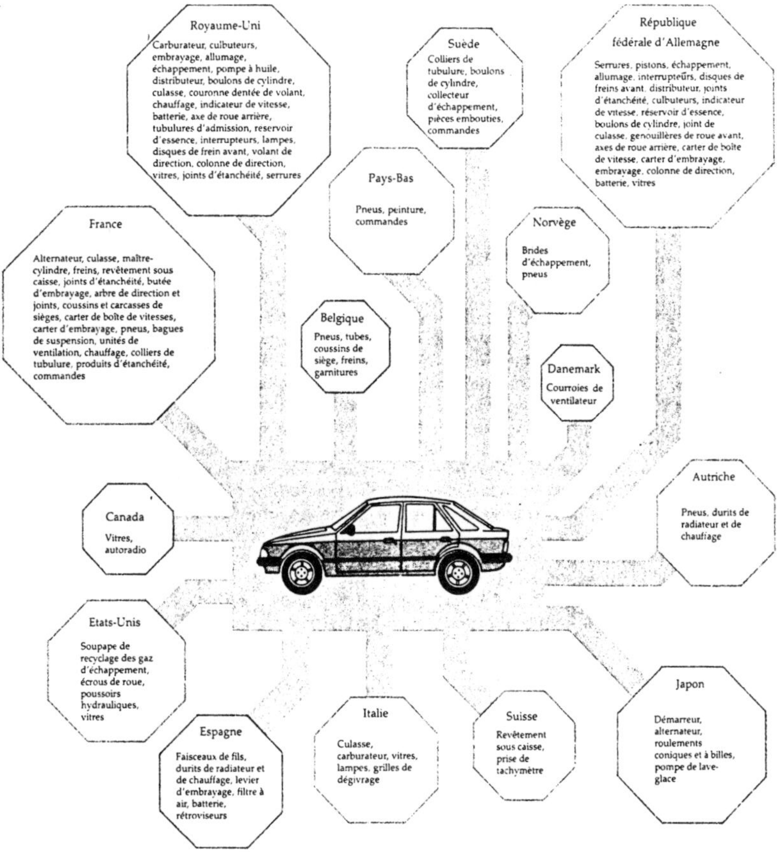

N.B.- Le montage final s'effectue à Halewood (Royaume-Uni) et à Sarrelouis (République fédérale d'Allemagne).
Source : Banque mondiale, *Rapport sur le développement dans le monde*, 1988.

en sous-ensembles, puis totalement rassemblés lors de l'élaboration du produit final dans le cadre d'une opération d'assemblage.

Cette décomposition du produit peut permettre alors de fabriquer chacune des pièces dans des pays différents. La production sera décomposée internationalement, d'où le nom de *décomposition internationale du processus productif* (DIPP). Le produit final sera recomposé lors de l'assemblage, pour être vendu ensuite.

Ce phénomène donne lieu à un commerce international de pièces détachées ou de produits semi-finis d'une part, et à des réexportations de produits finis après montage d'autre part. Ces échanges se réalisent entre filiales de la multinationale ou bien dans le cadre de son réseau de sous-traitance et d'accords inter-firmes.

L'exemple de la Ford Escort (voir le graphique, page ci-contre) illustre très bien la manière dont se crée un tel réseau d'échanges, le montage final s'effectuant dans deux pays (à Halewood en Grande-Bretagne et à Sarrelouis en RFA), tandis que les divers pièces et sous-ensembles proviennent de plus de quinze pays différents.

B/ Évolution des investissements directs internationaux aux XIXe et XXe siècles

L'analyse des multinationales et des investissements directs est rendue difficile par le manque de statistiques rétrospectives homogènes. Le gouvernement américain publia sa première étude sur les investissements étrangers en 1929. Depuis 1950, il publie une étude annuelle. A compter de 1962, le gouvernement anglais fit de même. Ce n'est qu'au début des années 1960 que l'on put avoir des données mondiales sur les investissements internationaux.

◆ Investissements directs en 1914 et suprématie anglaise

Les investissements directs à l'étranger semblent se développer fortement à partir du dernier tiers du XIXe siècle ; vers 1870, ils représentent environ 40 % du total des investissements de capitaux internationaux à long terme, dont la forme principale avait été, jusque-là, celle de placements de portefeuille.

Des firmes anglaises comme Dunlop, Courtaulds, Unilever avaient déjà, avant 1914, installé des filiales à l'étranger. Les firmes allemandes comme Siemens, Degussa, Bosch, Bayer, Metallgesellschaft, Daimler Benz étaient également installées dans au moins trois ou quatre pays étrangers avant 1914 ; il en était de même pour les firmes suisses Nestlé et Geigy, la firme belge Solvay, ou la firme française Saint-Gobain, etc.

En 1914, la Grande-Bretagne, les États-Unis, la France et l'Allemagne réalisent plus de 87 % des investissements directs mondiaux. La Grande-Bretagne domine largement ce mouvement en contrôlant, à elle seule, près de la moitié des investissements.

En 1938, la situation a déjà considérablement changé. Si la Grande-Bretagne reste le premier pays d'origine, elle perd 5 points de pourcentage et le poids des États-Unis augmente fortement, pour représenter 28 % des investissements directs à l'étranger. La position de l'Allemagne s'effondre et celle de la France s'amenuise.

La répartition de l'investissement direct par pays d'accueil est différente de la répartition par pays d'origine. Les pays en développement y jouent un rôle important : ils représentent 64 % de ce stock en 1914 et 66 % en 1938. L'Amérique latine puis l'Asie sont les deux premières zones d'accueil, la Chine et la Russie dépassent l'Europe de l'Ouest.

En termes sectoriels, environ 55 % du stock total se situent dans les produits primaires, 20 % dans les chemins de fer, 15 % dans les produits manufacturés et 10 % dans les services (commerce, banque, etc...). La majeure partie des investissements dans le secteur manufacturier, orientée vers les marchés locaux, est concentrée dans les pays européens, les États-Unis, la Grande-Bretagne et ses dominions, ainsi que dans l'ancienne Russie.

Les investissements dans les matières premières (bauxite, cuivre, charbon) sont pour leur part effectués dans les colonies anglaises ou les pays en développement ; il en est de même pour les investissements dans l'agriculture — par exemple, le sucre à Cuba, les bananes au Costa Rica, le thé à Ceylan et le caoutchouc au Libéria.

Les deux guerres mondiales et la crise économique des années 1930 amènent plusieurs bouleversements. Les investissements intra-européens se réduisent, ceux en Russie disparaissent et l'importance des États-Unis comme pays d'origine se développe au détriment de la Grande-Bretagne.

◆ La suprématie américaine des années d'après-guerre (1950-1971)

Les années 1960 et 1970 sont celles de la forte croissance des investissements internationaux. Les données fournies par l'OCDE ou l'ONU indiquent qu'entre 1960 et 1978 le montant du stock d'investissements internationaux dans le monde est passé de 66 milliards de dollars à 380 milliards, soit une multiplication par six.

Les États-Unis, en tant que *pays d'origine,* dominent ce phénomène ; entre 1961 et 1970, ils représentent presque la moitié du stock d'investissements mondial et plus de 65 % des flux annuels. La Grande-Bretagne devient le second pays d'origine, loin derrière, avec 16 puis 14 % du stock d'investissements. Ensuite, quelques pays émergent comme la RFA, le Japon et la Suisse, tandis que d'autres déclinent lentement comme les Pays-Bas et la France.

La situation évolue également de façon importante au niveau des *pays d'accueil.* Les pays en développement ne sont plus le pôle d'attraction dominant du début du siècle, bien au contraire : ils n'ont plus que 30 % environ du stock mondial d'investissements directs en 1960 et 1971, alors que les pays développés en représentent 65 %.

Cette situation coïncide avec une évolution structurelle des investissements, qui se réalisent de plus en plus dans les secteurs de produits manufacturiers. En 1960, 35 % des investissements cumulés américains et anglais se dirigeaient vers ce secteur, au lieu de 25 % en 1938 et 15 % en 1914.

◆ Les nouvelles tendances des investissements internationaux

Les évolutions constatées précédemment, essentiellement en termes de pays d'origine, vont de pair avec une forte évolution des pays d'accueil. *De nos jours, les investissements directs internationaux représentent essentiellement un phénomène entre pays développés,* qui sont à l'origine de 97 % de ceux-ci et qui en accueillent plus de 75 %. Les États-Unis deviennent eux-mêmes le premier pays d'accueil des investissements internationaux.

L'année 1988 marque de ce point de vue un moment historique : le stock des investissements étrangers aux États-Unis devient plus important que celui des investissements américains à l'étranger (329 milliards de dollars contre 327, cf. M. Rainelli, *Les investissements directs aux États-Unis*, Economica, 1990). Cependant, au début des années 1990, les flux entrant aux États-Unis diminuèrent nettement, le montant des flux sortants repassant au-dessus d'eux.

Parmi les principaux pays investisseurs aux États-Unis, on retrouve la Grande-Bretagne, les Pays-Bas, le Japon, le Canada et l'Allemagne. L'Europe, dans son ensemble, représente plus de 65 % des investissements réalisés aux États-Unis.

Ce nouveau phénomène est plus généralement relié à ce que l'on appelle les *investissements croisés.* En effet, les investissements directs internatio-

Figure 1.4
Classement des principaux pays investisseurs en termes de stocks d'investissements détenus à l'étranger – 1960, 1980, 1992
(en pourcentage)

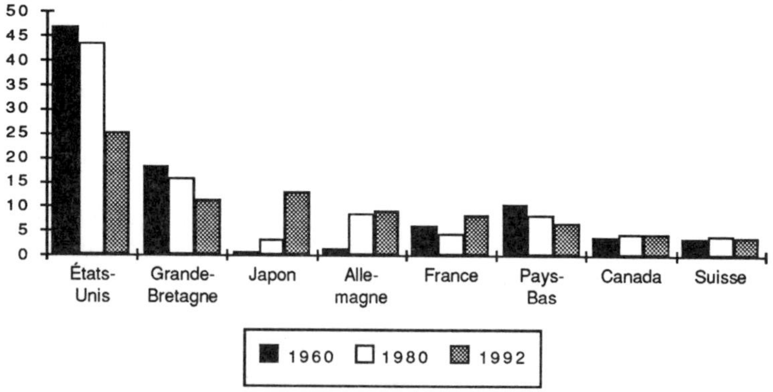

Source : ONU, *op. cit.*, 1992.

naux ne sont plus hiérarchisés de façon absolue, partant des Etats-Unis et allant vers les autres pays. Aujourd'hui, de nombreux pays, essentiellement développés (et quelques NPI), sont à la fois pays d'origine et pays d'accueil, d'où cette notion de croisement, souvent liée au caractère intrabranche des investissements croisés : par exemple, les firmes chimiques allemandes investissent en France et les firmes chimiques françaises en Allemagne. Il n'en reste pas moins que certains pays demeurent des investisseurs nets, comme l'Allemagne et le Japon, d'autres, des pays d'accueil nets, comme l'Espagne ou comme les États-Unis dans la seconde moitié des années 1980... enfin, un troisième groupe de pays comprenant notamment la France, l'Italie et, à un moindre titre, la Grande-Bretagne, est dans cette situation d'investissements croisés.

◆ Le Japon : nouveau grand pays investisseur

La décennie 1980 est marquée par la confirmation du Japon en tant que grand pays investisseur.

1°) En termes de stock, le Japon est devenu le troisième pays investisseur après les États-Unis et la Grande-Bretagne, avec près de 10 % de ce stock en 1985, contre 0,7 % en 1960.

En termes de flux, alors que les flux moyens annuels d'investissements sortant du Japon ne représentaient que 5 % des flux mondiaux entre 1975 et 1980, ils en représentent plus de 17,5 % entre 1988 et 1992.

2°) Le Japon, en revanche, accueille peu d'investissements étrangers. En 1985, 1 % du stock mondial des investissements étrangers se trouve sur son territoire. Entre 1981 et 1985, il recevait 0,7 % des flux d'investissements directs étrangers, soit 6 fois moins que la France et 60 fois moins que les États-Unis.

3°) Dans les années 1970, la structure des investissements directs japonais à l'étranger était atypique par rapport à celle des autres pays développés : la majorité de ses investissements s'effectuaient dans les pays en développement (55 % en 1973), particulièrement en Asie (24 % en 1973). En 1988, la structure se renverse : 56 % des investissements sont effectués dans les pays développés, dont près des trois quarts aux États-Unis, et 44 % sont réalisés dans les pays en développement, l'Amérique latine ayant un poids pratiquement égal à celui de l'Asie (17 %).

4°) Dans le même temps, l'évolution des investissements japonais se réalise en faveur des secteurs de produits manufacturés technologiques (machines, élect ronique, automobiles), ainsi que dans le secteur des services (banque, assurance, commerce), au détriment des industries manufacturières banalisées (textile, bois) et du secteur primaire. En 1992, le Japon compte 16 firmes parmi les 100 plus grandes firmes multinationales, ce qui le classe au deuxième rang, derrière les États-Unis, qui en comptent 29.

◆ Les multinationales du Tiers-Monde

Depuis les années 1980, une nouvelle vague de multinationales apparaît, celles qu'on a appelées les « multinationales du Tiers-Monde ». Ces firmes sont originaires, en général, des nouveaux pays industrialisés comme la Corée du Sud, Taïwan, Hong Kong, Singapour, ou encore le Brésil et le Mexique ; mais elles peuvent également appartenir à d'autres nations moins avancées comme l'Inde ou la Turquie. En 1980, on a pu estimer à 2 000 le nombre de filiales détenues à l'étranger par près de 960 firmes originaires du Tiers Monde (cf. L. T. WELLS, *Third World Multinationals,* MIT Press, 1983). En 1990, le nombre de maisons mères originaires des pays en développement était estimé à 2 700 (ONU, *Rapport sur les investissements mondiaux,* 1993).

La Corée, avec 1 049 maisons mères, apparaît comme le principal pays d'origine de ces firmes. Dès le début des années 1980, trois firmes coréennes se classent parmi les grandes firmes mondiales : Samsung, Daewo et Lucky Goldstar. Hyundaï, le quatrième groupe coréen, ne se trouve pas loin derrière. Parmi les 500 premières firmes mondiales, le magazine américain *Fortune* comptabilise 11 groupes coréens comptant près d'une trentaine de filiales de production à l'étranger et 670 filiales et succursales de toutes sortes, en Asie mais aussi en Europe et en Amérique. Par exemple, en 1967, Daewo fut créée ; elle ne comptait alors que trente personnes fabriquant des aiguilles de machines à coudre et vendant à l'étranger des textiles pour quelque 600 000 dollars. Vingt ans plus tard, le groupe a 120 000 salariés et exporte pour 3,4 milliards de dollars de marchandises, soit 10 % du total des exportations de la Corée. Cette firme est aujourd'hui implantée en France (Longwy). Le groupe Samsung est, pour sa part, implanté au Portugal, aux États-Unis, en Grande-Bretagne, en Thaïlande, au Mexique et en Espagne, essentiellement pour y monter ou y fabriquer des téléviseurs couleur, des magnétoscopes, des réfrigérateurs et des fours à micro-ondes.

◆ Les investissements internationaux de services

Les années 1980 ont également été caractérisées par un important développement des investissements internationaux dans les services. Entre 1977 et 1986, le stock des investissements dans les services a doublé : il passe de 60 milliards de dollars à 119 milliards ; le poids des services dans le total des investissements directs atteint, pour sa part, 43 % au lieu de 25 % dans les années 1970 et de 20 % dans les années 1960 (ONU, 1988). Environ les deux tiers de ces investissements dans les services se réalisent dans le secteur financier (banque, assurance) et les activités reliées au commerce (transport, succursales de vente, tourisme, hôtellerie...).

Les investissements dans les services sont également l'une des composantes les plus dynamiques de la croissance des investissements directs japonais, puisqu'en 1986, ils représentent les trois quarts des nouveaux investissements aux États-Unis, et encore plus en Europe. L'expansion du secteur financier ainsi que de celui des services commerciaux y est remarquable.

– 2 –

Les fondements théoriques de la spécialisation internationale

Les théories du commerce international tentent d'expliquer *pourquoi* les pays échangent entre eux. La première raison soulignée concerne leurs *différences,* qui s'expriment par les prix relatifs différents des produits. Les théories traditionnelles ont surtout recherché ces différences dans les disparités des économies en termes d'offre, c'est-à-dire en termes de coût de fabrication des produits. Ainsi, les différences dans la productivité du travail et les différences dans la quantité de facteurs disponibles sur le territoire national ont été les deux phénomènes examinés en priorité. Ces éléments ont donné lieu à la détermination des avantages que les pays ont à échanger entre eux, sachant qu'ils peuvent se procurer certains produits relativement moins cher à l'étranger que sur leur territoire national.

La théorie essayant d'expliquer le réel complexe par l'imaginaire simple, chaque modèle va s'attacher plus particulièrement à une différence entre les pays, considérant tout le reste comme identique. Ainsi, dans le premier véritable modèle de l'échange international, celui de D. Ricardo, les différences de productivité et de qualité du travail seront considérées comme le déterminant essentiel des différences de coûts (I). Mais la relative imprécision de ce premier modèle quant à l'origine des différences de productivité du travail amènera d'autres auteurs, E. Heckscher et B. Ohlin, à centrer l'analyse des différences de coûts sur les différences de quantités de facteurs de production possédés par les divers pays (II).

I - RICARDO ET LA THÉORIE DES AVANTAGES COMPARATIFS

A/ Avantages comparatifs et échanges internationaux

Pourquoi un pays peut-il avoir intérêt à l'échange international ? La première réponse fut apportée par Adam Smith, pour qui un pays ne pouvait participer à l'échange que s'il produisait au moins un produit moins cher que tous les autres pays : c'est la notion d'*avantage absolu* qui est ainsi établie. Les pays qui n'avaient pas d'avantage absolu n'avaient-ils alors aucune possibilité de participer au commerce international ? La réponse théorique fut apportée par Ricardo, qui développa la théorie de l'*avantage comparatif* (ou *relatif*) et non plus absolu, ce dernier n'étant plus qu'un cas particulier du premier.

◆ Avantages absolus et gain à l'échange

L'avantage absolu peut être illustré par l'exemple ci-dessous. On considère deux pays partenaires à l'échange, ou deux groupes de pays : le Nord et le Sud, et deux secteurs ou deux produits : les voitures et le textile. Les coûts sont indiqués en termes de nombre d'heures de travail (L) requises pour produire une unité du produit considéré (X) ; ce rapport est appelé coefficient d'input-output ; soit : $a_L = L/X$. Ce coefficient représente l'inverse de la productivité du travail, qui, elle, peut s'exprimer comme le nombre d'unités de produit fabriquées (X) par heure de travail (L) ; soit : $A_L = X/L$.

Tableau 2.1
Avantages absolus et échange
(heures requises pour produire une unité du produit considéré : $a_L = L/X$)

Secteurs \ Pays	Nord	Sud
Voitures	3	12
Textile	6	4

Les données du tableau 2.1 sont exprimées en termes de coefficients d'input-output. Elles indiquent que les ouvriers du Nord peuvent produire des voitures en moins de temps que les ouvriers du Sud, l'inverse étant vrai pour la production textile. Ainsi, chaque pays a un avantage absolu dans une des productions.

> *L'avantage absolu est la possibilité pour un pays de produire un bien avec moins de facteur de production (input) que partout ailleurs dans le reste du monde.*

Adam Smith applique alors le principe de la division du travail au contexte international. Si chaque pays, après ouverture à l'échange, se spécialise dans le produit pour lequel il a un avantage absolu, il en résulte un gain mondial. En effet, si les pays du Nord transfèrent leur travail du textile vers l'automobile, ils obtiennent deux unités supplémentaires de voiture pour une unité en moins de textile. Si les pays du Sud transfèrent le travail de l'automobile vers le textile, ils obtiennent trois unités supplémentaires de textile pour une unité d'automobile en moins. Ainsi, mondialement, pour un coût en travail identique, la production mondiale de textile aura augmenté de 2 et celle d'automobiles de 1 par rapport à une situation d'autarcie.

Cette spécialisation, qui correspond à une nouvelle distribution internationale des productions, met en évidence un gain mondial, illustré ici par la possibilité d'obtenir, avec la même quantité de travail, une unité de voiture et deux unités de textile supplémentaires.

◆ Les avantages comparatifs et le modèle de Ricardo

La règle de la spécialisation en fonction des avantages absolus exclut du commerce international tout pays qui n'en aurait aucun. Ainsi, supposons que les pays du Nord aient à la fois un avantage absolu dans la fabrication des voitures et un avantage absolu dans celle du textile : en vertu du principe de l'avantage absolu, le Sud ne peut pas participer à l'échange.

Ricardo (1817, *Principes de l'économie politique et de l'impôt,* traduction française, Calmann-Lévy, 1970) dépassa cette limite en établissant la *loi de l'avantage comparatif* :

> *Il est toujours avantageux pour les deux pays de commercer, à condition qu'ils se spécialisent dans le bien dans lequel ils ont le plus grand avantage absolu ou le plus petit désavantage absolu.*

Dans l'exemple du tableau 2.2 ci-après, les pays du Nord ont un avantage absolu dans les deux productions. Cependant, ils sont quatre fois plus efficients dans la production de voitures que les pays du Sud (3 heures de travail par unité produite contre 12) et seulement 1,33 fois plus efficients dans la production de textile (6 heures par unité contre 8). Les pays du Nord ont alors un avantage comparatif dans la production de voitures et les pays du Sud dans celle du textile.

En termes de coût d'opportunité, c'est-à-dire de réduction de la production d'un bien pour pouvoir augmenter celle de l'autre bien, on remarque que si les pays du Nord veulent fabriquer une unité supplémentaire de voiture, ils sont obligés de prendre 3 heures dans la production de textile (qui servaient à fabriquer une demi-unité de textile) ; le coût d'opportunité des voitures en termes de textile est donc de 3/6, soit 0,5 : $a_{Lv}/a_{Lt} = 0{,}5$. Inversement, le coût d'opportunité en termes de voitures pour fabriquer une unité supplémentaire de textile est de 6/3 : $a_{Lt}/a_{Lv} = 2$.

Pour les pays du Sud, le coût d'opportunité des voitures en termes de textile est de 12/8 : $a^*_{Lv}/a^*_{Lt} = 1{,}5$, et celui du textile par rapport aux voitures de 8/12 : $a^*_{Lt}/a^*_{Lv} = 0{,}66$ (les variables du Sud sont notées avec *).

Ainsi, le textile (en termes de voitures) est moins cher à fabriquer au Sud qu'au Nord et, inversement, en termes de textile, les voitures sont moins chères à produire au Nord qu'au Sud. On a les relations suivantes :

– *Textile :* 0,66 < 2, soit : $a^*_{Lt}/a^*_{Lv} < a_{Lt}/a_{Lv}$.

– *Voitures :* 0,5 < 1,5, soit : $a^*_{Lt}/a^*_{Lv} > a_{Lt}/a_{Lv}$.

La structure des avantages comparatifs est donc donnée par les rapports de coûts (ou coûts comparés) entre les deux pays. Les pays du Nord auront donc tout intérêt à se spécialiser dans les voitures et à en échanger contre du textile fabriqué par le Sud.

Tableau 2.2
Avantages comparatifs et échanges
($a_L = X/L$)

	Nord	Sud
Voitures (a_{Lv} et a^*_{Lv})	3	12
Textile (a_{Lt} et a^*_{Lt})	6	8
Coût d'opportunité :		
• voiture/textile (a_{Lv}/a_{Lt} et a^*_{Lv}/a^*_{Lt})	0,5	1,5
• textile/voiture (a_{Lt}/a_{Lv} et a^*_{Lt}/a^*_{Lv})	2	0,66

Dans l'exemple du tableau 2.1, chaque pays a un avantage absolu ; celui-ci coïncide alors avec son avantage comparatif. Le tableau 2.2 présente une situation différente, dans laquelle les pays du Nord ont un avantage absolu dans les deux productions. Cependant, les pays du Sud ont tout de même un avantage comparatif dans le textile, qui représente le secteur dans lequel ils ont le plus petit désavantage absolu. Ainsi, il est moins coûteux pour les pays du Nord d'abandonner le textile et de se spécialiser dans les voitures plutôt que de produire les deux biens, et il est plus avantageux pour les pays du Sud de se spécialiser dans le textile et d'abandonner la fabrication des voitures.

◆ Prix internationaux et gain à l'échange

Dans le modèle de Ricardo, les prix internes sont égaux aux coûts relatifs internes. Le prix absolu d'un produit est égal à son coût de production, soit : $p_t = a_{Lt} \cdot w$ et $p_v = a_{Lv} \cdot w$. Le taux de salaire (w) étant le même dans toute l'économie du fait de la mobilité du travail entre les deux secteurs, les prix relatifs sont alors égaux aux coûts relatifs, soit :

$$p_t / p_v = a_{Lt} / a_{Lv} \quad \text{et} \quad p_v / p_t = a_{Lv} / a_{Lt}.$$

Les pays du Nord accepteront d'acheter du textile à l'étranger si le prix relatif international (ou termes de l'échange international) offert, P_t / P_v, est inférieur à leur prix relatif interne (ou termes de l'échange interne), p_t / p_v, soit :

$$P_t / P_v < p_t / p_v = 2.$$

De leur côté, les pays du Sud accepteront de vendre du textile si le prix relatif international est supérieur au rapport de leur prix interne, p^*_t / p^*_v, soit :

$$P_t / P_v > p^*_t / p^*_v = 0{,}66.$$

> *Ainsi, pour que les deux pays trouvent un bénéfice à l'échange, il faut qu'ils puissent importer un produit relativement moins cher qu'il ne leur coûterait à fabriquer nationalement, et vendre à l'étranger (exporter) un produit plus cher que ce qu'ils pourraient le vendre en autarcie sur leur territoire national.*

Dans l'exemple ci-dessus, le prix international du textile doit se situer entre les deux rapports de prix internes (0,66 et 2 pour le textile ; 0,5 et 1,5 pour les voitures).

Si le rapport des prix internationaux s'établit par exemple à 1, c'est-à-dire une unité de textile pour une unité de voiture, les deux pays gagnent à l'échange et ont donc intérêt à y participer.

◆ Détermination des prix internationaux et répartition du gain à l'échange

Alors que, dans ce modèle, les prix intérieurs ne sont déterminés que par les coûts, c'est-à-dire les conditions de l'offre, Stuart Mill a démontré que le *prix international* va, pour sa part, être déterminé par les conditions de la demande mondiale.

Sur la figure 2.1, les courbes d'offre relative de textile pour chaque pays (graphiques *a* et *b*) sont représentées par des droites coudées ; les coûts relatifs (représentant les prix internes) fournissent l'ordonnée de la courbe d'offre, qui apparaît dans son segment horizontal comme parfaitement élastique (augmentation infinie de l'offre si le prix augmente). Lorsque la spécialisation du pays est complète dans ce produit, l'augmentation de l'offre devient impossible, elle est alors inélastique (impossibilité d'augmenter l'offre si le prix augmente). L'ordonnée pour les pays du Sud est plus basse dans la mesure où le prix relatif du textile y est plus faible. Les courbes de demande sont représentées de façon traditionnelle : la quantité demandée baisse quand le prix monte.

En libre-échange (figure 2.1, graphique *c*), le prix relatif international se situe entre les deux rapports de prix internes, mais seule la demande mondiale (égale à la somme des demandes des deux pays) va permettre de le déterminer exactement. L'offre mondiale est la somme des offres du Nord et du Sud mises bout à bout.

Si la demande mondiale (courbe D_M) coupe l'offre mondiale (courbe O_M) dans sa partie verticale, le prix international du textile se trouve dans l'intervalle des prix autarciques ; les deux pays ont alors intérêt à l'échange, ce qui va entraîner la spécialisation complète du Sud dans le textile et celle du Nord dans les voitures.

En revanche, plus la demande relative de textile est faible (déplacement de la courbe D_M vers le bas) et plus le prix international sera proche du prix autarcique des pays du Sud : le Sud gagnera alors peu à l'échange. La demande peut même être tellement faible qu'elle va couper l'offre dans le segment horizontal le plus bas représentant l'offre du Sud (courbe O" en pointillé). Le prix international est alors égal au prix autarcique du Sud : seul le Nord peut gagner à l'échange.

Les pays du Sud se trouveraient en surproduction s'ils se spécialisaient complètement dans le textile ; leur offre étant supérieure à la demande mondiale, ils doivent alors commencer à produire de l'autre bien. La situation est inverse si la demande mondiale se situe en D'.

Figure 2.1
Offre mondiale, demande mondiale et prix relatifs d'un bien

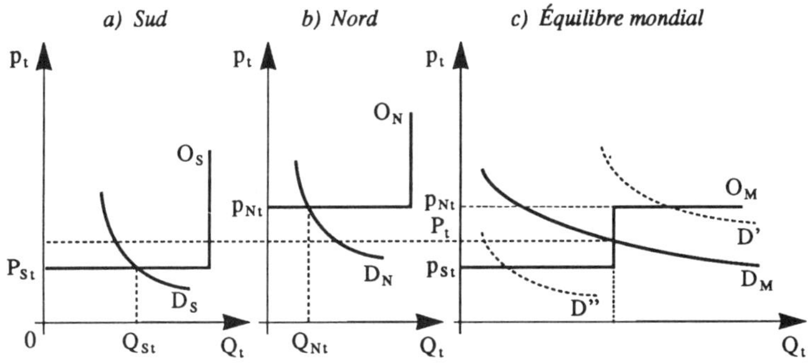

Deux conclusions peuvent être tirées des développements précédents :

– Le gain à l'échange est rarement égal entre les partenaires, et les situations de répartition inégale du gain à l'échange sont les plus courantes.

– Les pays qui ont un avantage comparatif dans les produits fortement demandés au niveau international ont le plus de chance d'acquérir des gains élevés à l'échange.

B/ Les extensions du modèle simple

◆ Salaires, productivité et avantages comparatifs pour de nombreux biens

Dans le cas de plusieurs biens (1, 2, 3, ..., *n*) entre deux pays ou deux groupes de pays, on pourra avoir la chaîne des coûts comparés suivante :

$$a_{L1}/a^*_{L1}) < a_{L2}/a^*_{L2} < a_{L3}/a^*_{L3} < \ldots < a_{Ln}/a^*_{Ln}.$$

Le partage des spécialisations entre les deux pays va dépendre alors de la manière dont va être coupée en deux la chaîne des avantages comparés.

Cette coupure va s'effectuer en comparant les taux de salaire des deux pays, soit w/w^*.

Si $wa_{L1} > w^* a^*_{L1}$, soit $a^*_{L1}/a_{L1} < w/w^*$, alors il est plus avantageux de fabriquer le produit 1 dans les pays du Sud. Ainsi, tant que le rapport w/w^* sera plus grand que a^*_{Li}/a_{Li}, il sera plus avantageux de produire les biens au Sud qu'au Nord, et inversement si w/w^* est plus petit que a^*_{Li}/a_{Li}.

Tableau 2.3
Avantages comparatifs et spécialisation pour le cas de nombreux produits

Produits	Unité de travail requise		Coûts comparés	Taux de salaire
	Nord (a_{Li})	Sud (a^*_{Li})	a^*_{Li}/a_{Li} (A_{Li}/A^*_{Li})	w/w^*
Fruits	7	9	1,28	3
Textile	6	10	1,66	3
Jouets	5	12	2,4	3
Voitures	4	18	4,5	3
Machines	3	20	6,66	3

Dans le tableau 2.3, l'hypothèse retenue est celle d'un taux de salaire trois fois plus élevé dans les pays du Nord que dans les pays du Sud. Bien que les pays du Sud n'aient aucun avantage absolu, ils ont des avantages comparatifs dans les trois premiers biens : fruits, textile, jouets, car ceux-ci coûtent moins cher à fabriquer au Sud qu'au Nord. En revanche, les voitures et les machines devront être fabriquées dans les pays du Nord.

◆ Chaîne des avantages comparatifs et dynamique des spécialisations

L'analyse simple pour deux pays peut aisément s'étendre à de nombreux pays. Dans ce cas, on observera une *hiérarchisation des avantages comparatifs,* dans laquelle les pays qui ont le coût relatif le plus bas se spécialisent en premier dans le produit considéré, puis les deuxièmes, etc. ; la demande mondiale tranchera entre les pays pouvant se spécialiser dans ce produit et les autres. De façon dynamique, la hiérarchie peut être remise en cause et de nouveaux avantages comparatifs se dessiner.

Figure 2.2
Coûts mondiaux de fabrication dans la sidérurgie – 1973 et 1984

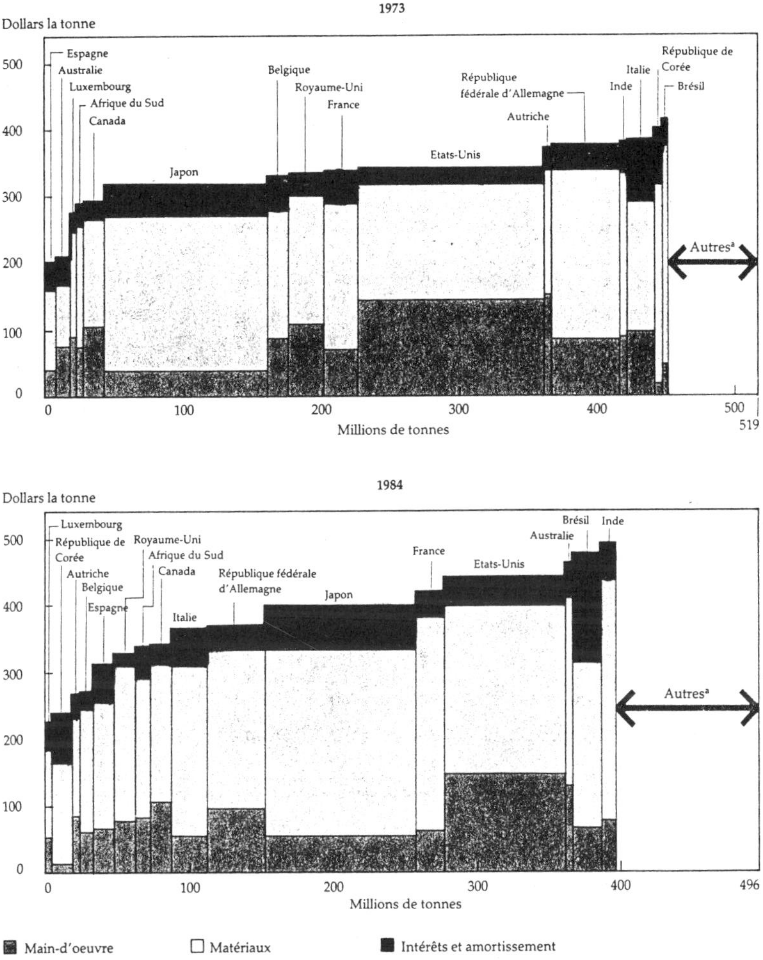

On a figuré en abscisse la production mondiale, en classant les producteurs par ordre de coûts unitaires croissants. Le trait plein représente donc la courbe des coûts à long terme de la sidérurgie mondiale. (a. Production des pays pour lesquels on ne possède pas de données sur les coûts.) Source : Banque mondiale, *Rapport sur le développement dans le monde*, 1986.

Dans la réalité, ce principe peut être appliqué de façon presque aussi simple.

L'exemple de la page précédente compare les coûts de fabrication dans le secteur dc la sidérurgie et indique les pays ayant les plus grands avantages, comme la Corée ou l'Espagne en 1984. Ceux qui obtiennent les coûts les plus désavantageux ne peuvent pas écouler leur production et ont des usines qui tournent en dessous de leur capacité de production : c'est le cas de la France, des États-Unis et d'autres encore. La situation de 1984 n'est pas du tout celle de 1973, la Corée, par exemple, étant passée des dernières places aux premières.

◆ Fausses interprétations de la loi des avantages comparatifs

Malgré son apparente simplicité, la loi des avantages comparatifs a été parfois considérée comme l'une des plus difficiles de la science économique. Sa mauvaise compréhension a donné lieu à de nombreuses fausses interprétations. Quatre d'entre elles sont signalées ici.

• *De nombreux petits pays ou des pays en voie de développement n'auraient pas d'avantages comparatifs.* Cette idée encore largement répandue met en évidence la confusion faite entre les avantages absolus et les avantages comparatifs. Elle tend malheureusement à développer l'idée selon laquelle les pays en voie de développement auraient intérêt à se replier sur eux-mêmes et à attendre d'être assez forts pour participer à l'échange international. A l'autre bout de la chaîne, les pays occidentaux pourraient être tentés de limiter leurs échanges avec le Japon car ils n'auraient pas d'avantages comparatifs vis-à-vis de lui.

• *Le commerce détériorerait la situation d'un pays qui utilise plus de travail pour produire les biens qu'il exporte que n'en incluent les biens qu'il importe des autres pays.* Connue sous le nom d'échange inégal, cette idée est fondée en fait sur l'incompréhension de la notion d'avantage comparatif. Pour démontrer si l'échange est porteur de gain ou de perte pour un pays, ou pour établir l'existence d'une « exploitation » d'un pays par un autre, il faut comparer non pas le contenu en travail des exportations et des importations mais ce que coûteraient en travail les importations si le pays avait à les fabriquer lui-même.

Ainsi, dans l'exemple du tableau 2.2, les pays du Sud vont importer des voitures qui leur coûteraient, s'ils avaient à les fabriquer eux-mêmes, 12 heures de travail par unité : ils vont les échanger contre une unité de textile qui leur coûte 8 heures de travail à fabriquer ; ils gagnent ainsi 4 heures de travail, même si, en exportant une unité de textile contre l'importation d'une unité de voiture, ils cèdent 8 heures contre 3 heures de travail.

Ce calcul élémentaire permet de comprendre pourquoi tous les pays en développement qui ont voulu procéder à un développement dit « autocentré », notamment en substituant aux importations des productions locales, se sont appauvris. *A contrario,* les pays qui ont choisi la promotion des exportations dans lesquelles ils avaient un avantage comparatif ont connu un processus d'industrialisation plus important.

• *La concurrence des pays à bas salaires serait déloyale* : les salaires sont en principe liés à la productivité du travail. Si les pays du Sud ont un taux de salaire plus faible que les pays du Nord, c'est que leur productivité du travail est plus faible. On en revient alors aux relations déjà étudiées et illustrées au tableau 2.3 d'analyse des spécialisations avec plusieurs produits. Chaque zone conserve de toute façon des avantages comparatifs.

• *La loi des avantages comparatifs justifierait la doctrine libérale du laisser faire-laisser passer.* Cette confusion entre doctrine et théorie se retrouve très souvent, notamment dans les manuels scolaires. On doit souligner que la loi des avantages comparatifs ne fait pas l'apologie d'un quelconque système économique. Que l'économie soit une économie de marché ou une économie planifiée, il est toujours préférable d'échanger en fonction de ses avantages comparatifs plutôt qu'en fonction de ses désavantages comparatifs. Cuba exporte du sucre et importe de Chine des bicyclettes plutôt que l'inverse ; de même, Israël exporte des fruits vers l'URSS et en importe des maisons préfabriquées. Le problème consistant à savoir si les avantages comparatifs sont mieux révélés et mieux utilisés par un système de marché ou par un système de planification concerne l'analyse de l'efficacité relative de ces deux systèmes dans l'allocation et l'utilisation efficientes des ressources rares. Ce problème relève d'un autre débat, qui est d'ailleurs aujourd'hui au cœur de l'actualité dans les pays de l'Est.

C/ Les tests empiriques de la théorie de Ricardo

Le test le plus connu a été réalisé par MacDougall en 1951. Il se propose de comparer les productivités et les performances à l'exportation de la Grande-Bretagne et des États-Unis pour l'année 1937. Pour cela, il étudie les exportations vers le reste du monde de ces deux pays pour 27 industries. En divisant la production de chaque industrie par la quantité de travail utilisée dans celle-ci, il obtient la productivité du travail pour chaque industrie et pour chaque pays : A_{LiUS} et A_{LiGB} (i = industries de 1... 27).

Afin d'obtenir une productivité relative, il fait le rapport de ces deux indicateurs, soit $A = A_{LiUS} / A_{LiGB}$; si, pour une industrie X, le ratio A est égal à 3, cela indique que le travail américain dans cette industrie est trois fois plus productif que le travail anglais. A l'époque de l'étude, les salaires américains étaient environ deux fois plus élevés que les salaires anglais. Ainsi, selon les principes de la théorie des avantages comparatifs, les États-Unis devaient avoir un avantage comparatif dans les industries où les ouvriers américains étaient au moins deux fois plus productifs que les ouvriers anglais. MacDougall choisit comme indicateur des avantages comparatifs pour chaque industrie, le rapport des exportations américaines sur les exportations anglaises, soit : X_{iUS} / X_{iGB}.

Sur les 27 industries testées, 20 obéissent à l'hypothèse générale selon laquelle les exportations américaines sont supérieures aux exportations anglaises ($X_{iUS} / X_{iGB} > 1$) lorsque la productivité américaine est au moins deux fois plus élevée que la productivité anglaise ($A_{LiUS} / A_{LiGB} > 2$). Dans le cas contraire, ce sont les exportations anglaises qui sont supérieures aux exportations américaines.

II - LES DOTATIONS DE FACTEURS DÉTERMINANTS DES ÉCHANGES : LE MODÈLE D'HECKSCHER ET OHLIN

A/ Les bases de la théorie des dotations de facteurs

◆ La notion d'abondance relative de facteurs des pays

Dans le modèle de base d'Heckscher et Ohlin, *les différences de dotations de facteurs sont à la source des avantages comparatifs*. Les pays sont supposés ne pas avoir les mêmes dotations relatives de facteurs et donc ne pas obtenir les mêmes coûts relatifs de production pour les produits. Deux facteurs de production sont retenus : le capital et le travail.

En notant K le capital et L le travail, si, par hypothèse, les pays du Nord ont un stock relatif de capital K/L supérieur à celui des pays du Sud

K^*/L^*, les pays du Nord sont alors *relativement abondants* en capital et les pays du Sud sont relativement abondants en travail.

En fonction de la loi économique simple qui consiste à dire que tout ce qui est rare est cher et que tout ce qui est abondant est bon marché, on peut établir une relation entre l'abondance factorielle, K/L, et le coût des facteurs, w/r (avec w, le taux de salaire, et r, le taux d'intérêt du capital), telle que : les facteurs rares ont un coût élevé et les facteurs abondants un coût faible.

La relation suivante est obtenue :

$$\text{si } K/L > K^*/L^*, \text{ alors } w/r > w^*/r^*.$$

Si les pays du Nord sont relativement abondants en capital (K/L élevé), celui-ci est bon marché comparativement au travail (w/r élevé), et inversement pour les pays du Sud.

◆ La notion d'intensité relative de facteurs des industries

L'impact de ces différences de coûts relatifs des facteurs influence les prix des produits en fonction des intensités relatives de facteurs utilisées dans leur production. Les produits sont considérés comme banalisés. Les pays possèdent tous la même technologie (ensemble de techniques), cependant ils n'utilisent pas forcément les mêmes techniques de production.

En effet, les produits peuvent, en général, être élaborés à partir de plusieurs techniques de production alternatives. Les coefficients d'input-output sont ainsi flexibles et dépendent du prix relatif des facteurs de production. Pour un bien considéré, comme le textile, on peut supposer que les producteurs ont le choix entre plusieurs techniques plus ou moins capitalistiques, combinant le travail d'ouvriers (L) et l'utilisation de machines (K). Par exemple, un vêtement pourra être fabriqué soit avec un ouvrier et trois machines, soit avec deux ouvriers et deux machines, soit encore avec trois ouvriers et une machine. Les producteurs du Nord auront intérêt à choisir des techniques de production *intensives en capital* (capitalistiques) du fait du prix élevé de la main d'œuvre et de l'abondance de machines, tandis que les producteurs du Sud auront intérêt, eux, à choisir des techniques *intensives en travail* du fait de l'abondance de main d'œuvre et du coût élevé des machines.

La phase suivante de l'analyse consiste à considérer deux produits ou secteurs, comme le textile et les voitures, et à faire l'hypothèse selon laquelle, quel que soit le lieu de production, les voitures utilisent des techniques toujours plus intensives en capital que le textile ; c'est-à-dire que le textile utilise toujours plus d'ouvriers par machine que les voitures, comme dans l'exemple du tableau 2.4.

Tableau 2.4
Abondance de facteurs, intensité factorielle et avantages comparatifs
(unités de travail et de capital nécessaires à la fabrication d'une unité de chaque bien)

	Travail a_{Li}		Capital a_{Ki}		a_{Ki}/a_{Li}	
	Nord	Sud	Nord	Sud	Nord	Sud
Textile	4	6	3	2	0,75	0,33
Voitures	2	3	8	6	4	2

En notant a_{Kv} et a_{Lv} les quantités de capital et de travail requises par unité de voiture, a_{Kt} et a_{Lt} les quantités de capital et de travail requises par unité de textile, on obtient les relations suivantes :

– Dans le Nord : $a_{Kv}/a_{Lv} > a_{Kt}/a_{Lt}$ ou $a_{Lt}/a_{Lv} > a_{Kt}/a_{Kv}$;
– Dans le Sud : $a_{K*v}/a_{L*v} > a_{K*t}/a_{L*t}$ ou $a_{K*v}/a_{K*t} > a_{L*v}/a_{L*t}$.

Sous ces hypothèses, le produit intensif en capital (voitures) sera relativement moins cher dans les pays abondants en capital (pays du Nord) et le produit intensif en travail (textile) y sera relativement plus cher que dans les pays abondants en travail (pays du Sud), soit :

$$p_v/p_t < p^*_v/p^*_t \quad \text{et} \quad p^*_t/p^*_v < p_t/p_v.$$

Le théorème d'Ohlin des avantages comparatifs s'énonce ainsi :

Un pays a un avantage comparatif dans le produit qui utilise intensément le facteur pour lequel il a une abondance factorielle relative par rapport à son partenaire commercial.

Dans notre exemple, les pays du Nord ont un avantage comparatif dans les voitures et ceux du Sud dans le textile.

◆ La spécialisation internationale et ses répercussions

En prenant comme hypothèse de départ les relations établies précédemment ($p_v/p_t < p^*_v/p^*_t$ et $p^*_t/p^*_v < p_t/p_v$), l'ouverture à l'échange établira un prix international compris entre les deux rapports de prix autarciques ; ainsi, pour les voitures, le prix international (p'_v / p'_t) sera tel que :

$$p_v / p_t < p'_v / p'_t < p^*_v / p^*_t.$$

Le prix international étant supérieur au prix interne des pays du Nord, cela va les inciter à se spécialiser dans les voitures. La production de voitures augmentant, celle du textile va diminuer. Les producteurs vont demander de plus en plus de capital et de moins en moins de travail pour accroître cette production intensive en capital. La rémunération du capital par rapport à celle du travail (r / w) va augmenter ; celle du travail par rapport au capital (w / r) va diminuer.

> *Ainsi, lorsque le prix d'un produit augmente, cela augmente la rémunération du facteur de production qui est intensif dans la production de ce produit.*

Ce résultat est connu sous le nom de *théorème de Stolper-Samuelson* ; il est utilisé également dans les analyses du tarif douanier (cf. chapitre 6).

B/ Les extensions du modèle simple

◆ La hiérarchisation des avantages comparatifs

Comme dans le modèle de Ricardo, on peut établir une chaîne des avantages comparatifs en considérant de nombreux pays, soit, par exemple, la relation suivante :

$$(K / L)_{PDEM} > (K / L)_{NPI} > (K / L)_{PVD} > (K / L)_{PMA}.$$

Les pays développés à économie de marché (PDEM) sont relativement plus abondants en capital que les nouveaux pays industrialisés (NPI), qui eux-mêmes sont relativement plus abondants en capital que les pays en voie de développement (PVD), lesquels sont plus abondants en capital que les pays les moins avancés (PMA). Les avantages comparatifs deviendront alors bilatéraux : par exemple, les NPI auront un avantage comparatif dans les produits intensifs en travail vis-à-vis des pays développés, et un avantage comparatif dans les produits intensifs en capital vis-à-vis des pays en développement.

◆ Croissance des facteurs et dynamique de la spécialisation

Les dotations de facteurs de production « ne tombent pas du ciel » ; elles sont le résultat des processus d'accumulation du capital, de l'évolution démographique et des qualifications des hommes des différents pays. Un pays qui procédera à une croissance rapide de son stock de capital par des investissements importants et permanents pourra voir évoluer son abondance relative de capital plus vite que celle de ses partenaires à l'échange. Si le stock de capital croît (la quantité de travail ne changeant pas), le coût du capital baisse et le prix des produits intensifs en capital diminue également.

> *De ce fait, lorsqu'un pays connaît une croissance d'un facteur de production, c'est la production du bien intensif dans ce facteur qui croît ; le pays obtient ainsi un glissement de son avantage comparatif en faveur de ce produit.*

Ce résultat est connu sous le nom de *théorème de Rybszynski.*

Une croissance de capital engendrera l'apparition d'avantages comparatifs dans les produits intensifs en capital. Un pays à forte croissance peut ainsi « monter » l'échelle des avantages comparatifs plus vite que les autres pays et voir sa spécialisation glisser de produits intensifs en travail vers des produits intensifs en capital. Le Japon et les NPI ont connu ce type d'évolution.

◆ Le modèle à facteurs spécifiques

A la suite des analyses du modèle d'Heckscher et Ohlin, s'est développé un autre modèle appelé « modèle à facteurs spécifiques » ou encore modèle Ricardo-Viner, du nom des deux auteurs qui en ont eu l'intuition.

Ce modèle, qui peut être considéré comme un cas particulier de celui d'Heckscher et Ohlin, comprend un facteur de plus que de produits. Dans l'exemple le plus simple, il y a deux secteurs ou produits, l'agriculture et l'industrie, et trois facteurs. Deux des facteurs sont attachés à l'un ou l'autre secteur : la terre pour l'agriculture et le capital pour l'industrie ; ce sont des facteurs spécifiques, qui ne bougent pas entre les secteurs ; le troisième facteur, le travail, est au contraire générique et peu se réallouer entre les deux secteurs.

A la dotation de facteurs devra être ajoutée la proportion de facteurs spécifiques par rapport au facteur générique pour déterminer les avantages comparatifs. Plus la dotation en facteur spécifique sera grande dans un secteur, plus le pays aura des chances d'avoir un avantage comparatif dans celui-ci (agriculture par exemple) ; en revanche, moins il lui sera facile d'acquérir une dynamique de sa spécialisation en faisant évoluer ses avantages comparatifs d'un secteur à un autre (de l'agriculture vers l'industrie).

Les théorèmes de Stolper-Samuelson et de Rybszynski peuvent être réinterprétés avec ces nouvelles hypothèses (cf. J.-L. MUCCHIELLI, *Principes d'économie internationale,* 1987, Economica).

– Pour le premier théorème, *la variation du prix relatif d'un bien fait varier dans le même sens la rémunération du facteur qui est spécifique à ce bien, et fait varier dans le sens contraire la rémunération du facteur spécifique à l'autre bien.*

Ce résultat peut s'appliquer à l'impact de l'abolition des *corn laws* sur les rémunérations de facteurs : la baisse du prix du blé en Angleterre, du fait de l'abaissement de la protection tarifaire, diminue la rente des propriétaires terriens, et la hausse relative des prix des produits industriels, par rapport aux produits agricoles, augmente la rémunération des industriels ; ce qui peut expliquer pourquoi les premiers prenaient parti contre cette abolition alors que les seconds y étaient favorables.

– Pour le second théorème, *l'augmentation de la dotation d'un facteur spécifique va accroître la production relative du secteur auquel appartient ce facteur.*

L'impact de l'augmentation d'un facteur spécifique sur l'économie a été au centre des analyses des effets de la découverte de vastes nappes de gaz naturel ou de pétrole aux Pays-Bas et en Grande-Bretagne. L'économie est alors schématisée en deux secteurs (le secteur primaire et le secteur industriel) et trois facteurs (les matières premières, le capital et le travail). L'augmentation subite des ressources en matières premières accroît le poids du secteur primaire par rapport à l'industrie ; cela abaisse le coût des matières premières et permet l'expansion de leur production. L'augmentation de la production du secteur primaire engendre une hausse des salaires dans ce secteur (car la demande de travail, c'est-à-dire l'offre d'emploi, y croît rapidement) ; une migration de travailleurs de l'industrie vers le secteur primaire s'opère alors et entraîne une baisse de la production de l'industrie, engendrant des risques de désindustrialisation.

L'avantage comparatif se déplace alors vers le secteur primaire, qui peut devenir exportateur. La hausse des salaires dans ce secteur primaire peut se propager dans l'industrie et entraîner une perte de compétitivité des produits manufacturés ; par ailleurs, les excédents commerciaux liés à l'exportation de matières premières pourront maintenir une parité élevée de la monnaie, aggravant alors la baisse de la compétitivité de l'industrie… L'enchaînement de ces différents phénomènes est connu sous le nom de « syndrome hollandais ».

C/ Les tests de la théorie des dotations de facteurs

◆ Test et paradoxe de Léontief

Le premier auteur qui tenta de tester le modèle d'Heckscher et Ohlin fut W. Léontief, dans les années 1950. Partant du principe que les États-Unis étaient abondants en capital, il mit au point un test devant déterminer si les exportations américaines étaient plus intensives en capital que les importations.

Pour élaborer son test, Léontief se servit du tableau d'input-output de l'économie américaine qu'il avait lui-même conçu.

Un tableau input-output décrit les flux de biens et de services entre chaque secteur d'une économie. Chaque industrie dépend des autres industries pour les matières premières ou les produits intermédiaires. Par exemple, la production d'ordinateurs demande l'utilisation de matières plastiques, d'acier, de semi-conducteurs... ; à l'inverse, les autres industries utiliseront également des ordinateurs dans leur production. De la même manière, le modèle d'input-output permet de connaître les besoins en capital et en travail dans la production de chaque branche.

Léontief établit ses calculs sur 200 industries. Il sépara d'abord les industries exportatrices (ayant un solde commercial [exportations – importations] positif) des industries importatrices (ayant un solde commercial négatif). Puis il supposa que les exportations diminuaient de 1 million de dollars et que les importations augmentaient de 1 million de dollars. Il calcula alors la diminution ou l'augmentation des besoins en capital et en travail liées à ces variations. Utilisant les données de 1947, Léontief trouva qu'en prenant les branches importatrices (dont les productions pouvaient apparaître comme des substituts aux importations), remplacer 1 million d'importations par une production nationale demanderait 170 hommes-années et 3,1 millions de capital supplémentaires. En revanche, la réduction des exportations de 1 million de dollars dégagerait 182,3 hommes-années et 2,6 millions de capital.

On obtient de ce fait un rapport a_L / a_K pour les industries exportatrices supérieur au même rapport pour les industries importatrices. Les exportations apparaissaient alors plus intensives en travail que les importations, qui étaient pour leur part plus intensives en capital que les exportations. Le résultat inverse de ce que l'on voulait trouver était obtenu, d'où le nom de « paradoxe de Léontief » lié à ce test. De nombreux auteurs ont alors tenté d'appliquer la méthode de Léontief à d'autres pays comme l'Inde, la France, l'Allemagne de l'Est, le Japon, etc.; ces tests aboutirent tantôt à un paradoxe, tantôt à des résultats normaux.

◆ Les dépassements du paradoxe de Léontief

A la suite du paradoxe de Léontief, certains économistes ont rejeté la théorie d'Heckscher et Ohlin, pensant qu'elle avait été invalidée par le test de Léontief. Cependant, la plupart des chercheurs tentèrent de trouver une réponse à ce paradoxe, soit en critiquant le test lui-même, soit en essayant de dépasser les contraintes des hypothèses du modèle théorique.

Léontief, lui-même, tenta de donner une explication. Arguant du fait qu'un travailleur américain valait trois travailleurs étrangers, il conclut que les États-Unis étaient en fait abondants en travail et non en capital. Toutefois, ne voulant pas revenir à une explication à la Ricardo sur la productivité du travail, il affirma que cette supériorité était due à l'existence en abondance d'un troisième facteur de production aux États-Unis, à savoir l'organisation, qui permettait de rendre le travail plus productif qu'ailleurs.

D'autres éléments de réponse vinrent avec l'amélioration ou la décomposition géographique des données. Ce fut le cas pour l'étude sur le Japon où le résultat global donnait un paradoxe : le Japon était apparemment abondant en travail dans les années 1950, or, il exportait des produits intensifs en capital. Mais, en décomposant les exportations japonaises vers les pays en voie de développement d'une part, et vers les pays développés d'autre part, il apparut que ces exportations étaient intensives en capital vers les PVD et intensives en travail vers les pays développés. Ces exportations se réalisant pour plus des deux tiers vers les PVD et l'abondance ayant été appréciée par rapport aux pays développés, on expliqua alors facilement le paradoxe. Le Japon, à l'époque, apparaissait ainsi comme un *pays intermédiaire* dans la chaîne des avantages comparatifs.

◆ Quelques tests contemporains

Une partie des tests contemporains a dépassé le paradoxe de Léontief en ajoutant un certain nombre d'éléments à la théorie d'Heckscher et Ohlin, notamment en enrichissant la notion de facteur de production comme cela est exposé dans le chapitre 3.

La plupart des recherches empiriques contemporaines ont principalement axé leur analyse sur l'aspect dynamique des avantages comparatifs.

De nombreuses analyses sur l'évolution des avantages comparatifs des nouveaux pays industrialisés d'Asie du Sud-Est ont montré que ceux-ci acquéraient de plus en plus d'avantages comparatifs dans les produits intensifs en capital, au fur et à mesure que leur dotation en capital augmentait. Ainsi, en calculant le rapport entre l'emploi et le stock de capital fixe, C. Kim (1983) obtient les résultats suivants pour la Corée (tableau 2.5).

Tableau 2.5
Évolution des dotations de facteurs pour la Corée du Sud

Facteur	Année	Secteur primaire	Secteur manufacturé	Secteur tertiaire	*Total*
Emploi	1960 1974	4 680 5 685	477 1 858	1 871 3 903	7 028 11 446
Stock de capital fixe*	1960 1974	513 1 808	772 2 993	2 824 10 930	4 110 15 730
Stock de capital par tête	1960 1974	110 318	1 618 1 611	1 509 2 800	584 1 374

* Le stock de capital est obtenu ici en additionnant successivement les investissements nets de capital fixe aux prix de 1970.

Source : KIM Chungsoo, *Evolution of Comparative Advantage, the Factor Proportions Theory in a Dynamic Perspective,* J.C.B. Mohr, Tübingen,1983.

Les secteurs peuvent être eux-mêmes classés d'après leur intensité capitalistique. Puis le solde de la balance commerciale de chaque secteur est examiné. Les résultats pour les années 1960, 1970 et 1980 sont donnés dans le tableau 2.6. En 1960, parmi les produits manufacturés, seul le poste « produits manufacturés divers » connaît une balance excédentaire.

A la fin des années 1960, la Corée devient excédentaire dans presque tous les produits intensifs en travail, à l'exception de l'électronique et des télécommunications. En 1980, ce dernier secteur devient à son tour excédentaire comme c'est alors également le cas pour la sidérurgie, classée parmi les produits intensifs en capital.

On voit ainsi apparaître une évolution dans les avantages comparatifs et la spécialisation de la Corée, des produits primaires vers les produits manufacturés, et, à l'intérieur de ceux-ci, la spécialisation vers les produits de plus en plus élaborés et intensifs en capital. Kim note finalement que l'intensité en capital des exportations a augmenté de 26 % durant cette période, alors que celle des importations a baissé de 10 %.

Ces différents résultats tendent à donner une certaine validité aux enseignements théoriques : ainsi, la leçon principale du modèle des dotations factorielles tient dans la conclusion suivante :

Tableau 2.6
Balance commerciale de la Corée du Sud par type de produits
1960-1970

	1960	1970	1980
Produits intensifs en travail			
Vêtements	– 0,006	0,52	3,3
Électronique & télécommunications	– 0,001	– 0,04	0,3
Produits manufacturés divers	0,007	0,01	1,2
Textile	– 0,104	0,16	0,6
Produits intermédiaires 1	– 0,002	0,07	1,4
Produits intensifs en capital			
Produits alimentaires	– 0,013	– 0,10	– 0,9
Machines	– 0,079	– 0,82	– 3,2
Équipement de transport	– 0,005	– 0,40	– 0,6
Produits intermédiaires 2	– 0,341	– 0,75	– 2,8
Acier	– 0,034	– 0,32	0,2

Source : cf. tableau 2.5.

Dans le cas des échanges de produits banalisés, c'est-à-dire ceux pour lesquels les différences de technologie interviennent peu, ce sont les dotations de facteurs de production et leurs coûts relatifs qui jouent un rôle essentiel dans les échanges et la spécialisation des pays.

Cependant, ces appréciations doivent être améliorées par l'approfondissement de la théorie et des analyses empiriques.

– 3 –

Les nouvelles théories du commerce international

Les tests empiriques sur les analyses théoriques ricardienne et heckscher-ohlinienne ont montré la nécessité de dépasser ces premières approches pour analyser plus précisément la réalité des spécialisations internationales.

Deux points de vue, radicalement différents, se sont alors opposés.

Le premier considéra que les enseignements des modèles traditionnels étaient pertinents pour fournir un cadre de réflexion valable et qu'il fallait simplement affiner les hypothèses concernant notamment le *nombre* des facteurs de production et leur *qualité*. Se sont alors développées des analyses appelées *approches néo-factorielle* et *néo-technologique* qui ont mis l'accent respectivement sur la qualification du travail et l'avance technologique comme déterminants des spécialisations internationales (I).

Le second point de vue considéra que les échanges intrabranches de produits presque semblables entre des pays à développement économique comparable invalidaient la pertinence des différences de facteurs ou de technologie comme déterminants de ce type d'échange, et nécessitaient le développement de nouvelles approches en termes, notamment, de concurrence imparfaite (II).

I - QUALIFICATION DU TRAVAIL, TECHNOLOGIE ET SPÉCIALISATION INTERNATIONALE

A/ Qualification du travail et spécialisation : l'approche néo-factorielle

L'approche néo-factorielle reste dans la logique du modèle d'Heckscher-Ohlin, mais elle prend en considération plus de facteurs de production, liés principalement à l'existence de capital humain, et donc de *travail qualifié en quantité différente* selon les pays. Ce nouvel aspect de l'analyse permet de considérer que l'éducation est un des facteurs primordiaux dans l'industrialisation des pays et dans l'évolution de leurs avantages comparatifs.

◆ Capital humain et spécialisation

Une des réponses au paradoxe de Léontief passe par la prise en compte du capital humain. Le capital humain est le résultat de l'investissement en éducation de la main d'œuvre et il permet d'obtenir du travail qualifié qui augmente la productivité du travail. Dans une première approche, le travail qualifié peut être considéré comme le résultat, l'output, de la combinaison de deux facteurs primaires : le travail et le capital.

R. L. Findlay et H. Kierzkowski ont modélisé cette idée (« International Trade and Human Capital : a General Equilibrium Model », *Journal of Political Economy,* décembre 1983).

L'activité d'éducation qui transforme les travailleurs non qualifiés en travailleurs qualifiés (E) [après un temps θ] utilise un facteur appelé *capital éducatif* (K), pouvant être assimilé au capital en général. La production obtenue par ces travailleurs sera une fonction Q telle que :

$$Q = F(K, E, \theta).$$

Le modèle de Findlay et Kierzkowski considère alors, dans un cadre d'Heckscher-Ohlin, deux biens (1, 2) dont l'un est plus intensif en travail qualifié (q) et l'autre plus intensif en travail non qualifié (n), tel que :

$$(L_{q1} / L_{n1}) > (L_{q2} / L_{n2}).$$

Deux pays sont considérés, le pays national est supposé relativement plus abondant en capital que le pays étranger, tel que $(K / N) > (K^* / N^*)$.

Le capital servant à la formation des travailleurs qualifiés, on peut aisément trouver que le prix relatif du produit intensif en travail qualifié sera moins élevé dans le pays national qu'à l'étranger. Le résultat général est le suivant :

> *Un pays relativement abondant en capital exportera des biens intensifs en travail qualifié et un pays relativement peu abondant en capital exportera des biens intensifs en travail non qualifié.*

◆ Qualification du travail et spécialisation

D. B. Keesing (1966) aborde de façon plus directement empirique les liens entre la qualification du travail et les avantages comparatifs : pour lui, le travail n'est pas un seul facteur de production homogène ; il faut le séparer en plusieurs types de qualifications. Il distingue huit classes de qualifications attachées à huit types d'activités : 1) les scientifiques et les ingénieurs ; 2) les techniciens et les dessinateurs industriels ; 3) les autres cadres ; 4) les dirigeants ; 5) les machinistes, électriciens et mécaniciens ; 6) les autres travailleurs manuels qualifiés ; 7) les employés de bureau ; 8) les travailleurs non qualifiés ou semi-qualifiés.

Les tests analysent, en général, le travail qualifié (essentiellement les catégories 1, 2, 3) contenu (en pourcentage) dans la production des secteurs exportateurs ($X - M > 0$) et des secteurs importateurs ($X - M < 0$). Pour certains tests, Keesing calcule le pourcentage de chaque catégorie de travail dans les exportations de nombreux pays, en prenant comme référence les données industrielles américaines.

Ainsi, pour les exportations de 1962, avec 46 secteurs et 14 pays étudiés, les États-Unis ont le plus fort pourcentage des catégories 1, 2 et 3 dans leurs exportations, et le plus faible pour la catégorie 8.

Les États-Unis ont alors des exportations plus intensives en travail qualifié que les autres pays, ce qui permet de renverser le paradoxe de Léontief.

Les travaux de Keesing suggèrent alors que le modèle d'Heckscher-Ohlin peut prédire la nature des échanges en se fondant sur les dotations factorielles, à condition que le travail soit lui-même décomposé en plusieurs sous-catégories plus homogènes.

B/ Technologie et spécialisation : l'approche néo-technologique

L'hypothèse traditionnelle du modèle d'Heckscher-Ohlin est que tous les pays peuvent produire les mêmes biens. Ils connaissent toutes les technologies possibles (ensemble de techniques) pour les fabriquer. Pour dépasser les contraintes liées à cette hypothèse de technologies banalisées et diffusées, on peut introduire les évolutions technologiques et l'apparition de biens nouveaux dans les déterminants des échanges. Cet élément fut largement développé dans l'*approche néo-technologique*, qui regroupe plusieurs courants, notamment celui de l'écart technologique et celui du cycle du produit.

◆ Écart technologique et performances à l'exportation

Une des premières analyses pour expliquer la nature des échanges internationaux en termes d'évolution technologique est celle de M. Posner (« International Trade and Technical Change », *Oxford Economic Paper,* octobre 1961).

Partant du principe qu'une firme qui introduit un nouveau produit peut profiter d'un monopole à l'exportation jusqu'à ce que des firmes imitatrices arrivent sur le marché en lançant un produit comparable, Posner développa alors la *théorie de l'écart technologique*. L'avance technologique d'une firme peut en effet conférer un nouvel avantage comparatif au pays d'origine de la firme innovatrice.

Le déterminant du commerce international réside alors dans l'écart technologique entre les pays, tel que : *les pays en avance exportent des biens intensifs en nouvelles technologies et les autres, des produits banalisés*.

Les nombreuses vérifications empiriques de l'approche néo-technologique trouvèrent une forte corrélation entre les performances à l'exportation des États-Unis et l'importance de la recherche et développement ou des dépôts de brevets dans ce pays. D'une manière générale, plus les pays ont un niveau industriel élevé, plus ils auront tendance à exporter des produits nouveaux.

L'analyse de Posner peut être vue comme une généralisation et une dynamisation du modèle de Ricardo, dans la mesure où dans le modèle de Ricardo les différences de productivité du travail pouvaient être expliquées par des différences de technologies entre les pays partenaires à l'échange. Ces intuitions ont été approfondies, puis récemment formalisées par P. Krugman (« A Model of Innovation, Technology Transfer and the World Distribution of Income », *Journal of International Economics,* novembre 1979).

Krugman, dans un de ses modèles, considère deux pays ou deux zones : les pays du Nord et les pays du Sud. Contrairement au Sud, le Nord innove. L'innovation prend la forme de nouveaux produits fabriqués immédiatement au Nord et seulement après un certain temps au Sud. L'auteur montre alors comment de nouvelles industries doivent émerger en permanence au Nord, dans le but de maintenir le niveau de revenu de cette zone, les industries nouvelles déclinant et disparaissant tôt ou tard face à la compétition des bas salaires des pays du Sud. Les hauts salaires du Nord reflètent alors la rente de monopole pour les nouvelles technologies.

Pour Krugman, *le monopole technologique du Nord est continuellement érodé par les transferts technologiques et ne peut être maintenu que par des innovations constantes dans de nouveaux produits.*

On peut développer l'analyse précédente en considérant plusieurs groupes de pays : le pays innovateur, les pays industrialisés suiveurs, les nouveaux pays industrialisés et les pays en voie de développement. Le pays innovateur exportera des produits technologiques et les pays en voie de développement, des produits totalement banalisés. Les pays industrialisés (ou nouvellement industrialisés) suiveurs se trouveront dans une position intermédiaire, devant abandonner les produits banalisés aux pays en développement et essayant d'acquérir des avantages comparatifs dans des produits plus sophistiqués. On obtiendra une hiérarchisation des échanges internationaux correspondant aux différents niveaux de développement des groupes de pays et dont l'aspect graphique peut faire penser à un *vol d'oies sauvages,* pour reprendre l'expression de K. Akamatsu (« An Historical Pattern of Economic Growth in Developing Countries », *Developing Economies,* n° 1, 1962) [figure 3.1].

Figure 3.1
Industrialisation et hiérarchie du commerce international dans le bassin Pacifique (vol d'oies sauvages)

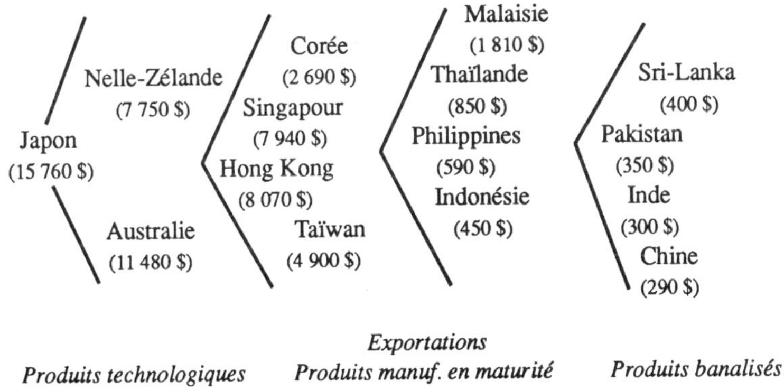

N.B. - Les chiffres entre parenthèses représentent les PNB par habitant en 1987, en dollars US.

Cette analyse a principalement été appliquée aux évolutions du commerce dans le bassin Pacifique. Elle étudie les relations entre trois groupes de caractéristiques : a) l'évolution importation - production nationale - exportation ; b) le passage des biens de consommation aux biens capitaux et des articles manufacturés simples aux produits de plus en plus complexes ; c) l'industrialisation par étapes, conduisant d'une situation de pays en développement vers une situation de pays industrialisé.

On peut considérer que cette analyse a établi les bases de l'approche en termes de cycle du produit.

◆ Technologie, cycle du produit et commerce international

R. Vernon reprend l'idée de monopole technologique lié à l'innovation et met l'accent sur le nouveau produit en tant que tel et sur son cycle de vie. Il combine l'évolution de la nature du produit, tout au long de son cycle, avec les évolutions de son commerce international (« International Investment and International Trade in the Product Cycle », *Quarterly Journal of Economics,* mai 1966).

Le produit peut connaître quatre phases : l'émergence, la croissance, la maturité et le déclin. Dans sa première phase, le produit est intensif en technologie ; puis son développement et sa production de masse nécessitent une forte intensité en capital (investissement) ; enfin, les phases de maturité et de déclin correspondent à un produit banalisé, intensif en main d'œuvre peu qualifiée et devenant peu à peu obsolète.

Chaque phase de la vie du produit est associée à une phase d'échange international.

• *La première phase du cycle n'engendre pas de commerce international :* le produit est fabriqué et consommé dans le pays d'origine de l'innovation. Plusieurs raisons expliquent cela : seul le pays innovateur a une population possédant des revenus assez élevés pour acheter le nouveau produit ; le marché intérieur est le plus apte à servir de « marché-test » au nouveau produit ; l'apparition d'un nouveau produit répond à une attente exprimée par les consommateurs du pays d'origine. La production nationale est avant tout fonction de la demande intérieure du pays, seule représentative des aspirations et achats potentiels des consommateurs nationaux.

• *Lors de la deuxième phase du cycle, les exportations du pays innovateur vers ses partenaires développés apparaissent et se multiplient.* Les explications essentielles sont les suivantes : le produit se stabilise en termes technologiques ; le prix diminuant, le producteur va chercher à étendre son marché. Cela va se réaliser particulièrement dans les autres pays développés où les consommateurs à haut niveau de revenu commencent à pouvoir acheter le produit (baisse du prix) ; la firme innovatrice tente de prolonger son monopole temporaire en exploitant la première les marchés étrangers, car sur son territoire national les imitations apparaissent et son marché intérieur est attaqué.

Au cours de cette deuxième phase, la balance commerciale du pays innovateur, pour le nouveau produit, devient de plus en plus excédentaire ; celle des autres pays développés est fortement déficitaire.

Figure 3.2
Cycle du produit et balance commerciale pour différents pays

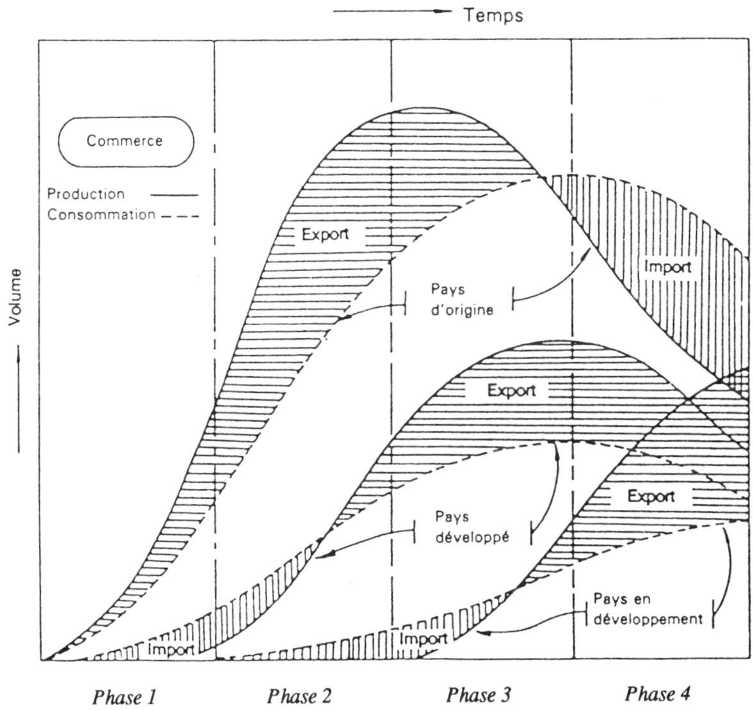

Source : Economic and Social Commission for Asia and the Pacific (1984).

• *Lors des troisième et quatrième phases du cycle, le flux des échanges s'inverse.* Le pays innovateur devient importateur et les pays développés imitateurs deviennent exportateurs. Ce renversement tient aux phénomènes suivants : le produit s'est banalisé, la firme innovatrice l'abandonne progressivement pour se consacrer à de nouveaux produits ; la demande nationale devient saturée et la demande résiduelle est satisfaite par des importations, tandis qu'une nouvelle demande pour des produits d'une nouvelle génération apparaît ; le produit banalisé devient intensif en main d'œuvre peu qualifiée et les coûts de production sont primordiaux dans un marché ou la concurrence peut être vive. Progressivement, la fabrication de ces produits va se délocaliser vers des pays en voie de développement répondant à ces caractéristiques de coûts.

◆ Tests empiriques et tentative de synthèse entre les différentes approches

Les recherches empiriques sur l'importance de la recherche-développement et sur le cycle du produit ont été poursuivies par de nombreux auteurs. G. Hufbauer, par exemple, effectue une distinction entre l'écart technologique de Posner et le cycle du produit de Vernon (« The Impact of National Characteristics and Technology on the Commodity Composition of Trade in Manufactured Goods », in R. VERNON, *The Technology Factor in International Trade,* Columbia University Press, 1970).

La démarche de Posner accentue l'importance du temps d'imitation, celle de Vernon souligne le caractère différencié des nouveaux produits par rapport aux produits standardisés. Hufbauer construit alors des indicateurs pour ces deux caractéristiques. Ses résultats statistiques indiquent que *les pays avancés ont tendance à exporter des produits qui sont à la fois nouveaux et différenciés.* Il vérifie ainsi les deux analyses, celle de Posner et celle de Vernon.

Les analyses empiriques contemporaines tentent de plus en plus d'effectuer une synthèse entre les déterminants factoriels et technologiques du commerce international. Ainsi, l'évolution des avantages comparatifs, notamment ceux des nouveaux pays industrialisés, est examinée à l'aide de ces deux éléments.

La plupart des travaux utilisent un ratio d'avantages comparatifs révélés (ACR) qui représente la part des exportations d'un produit i (X_{ij}) d'un pays dans les exportations totales du pays j (X_{tj}), rapportée à la part des exportations de ce même produit i du monde entier (X_{im}) dans les exportations totales du monde (X_{tm}), soit :

$$ACR = (X_{ij} / X_{tj}) \ / \ (X_{im} / X_{tm}).$$

Lorsque cet indicateur est supérieur à 1, il indique que le pays j est spécialisé par rapport aux autres pays dans le produit i étudié. L'analyse consiste ensuite à classer les différents produits des nomenclatures statistiques en fonction de leurs caractéristiques présumées de fabrication. En l'occurrence, on peut classer les produits en quatre catégories : intensifs en travail (non qualifié), intensifs en travail qualifié (capital humain), intensifs en technologie, intensifs en capital physique.

Ces calculs ont été effectués notamment pour le Japon et les nouveaux pays industrialisés d'Asie ; ils sont reportés au tableau 3.1.

Tableau 3.1
Avantages comparatifs révélés et nature des produits dans le commerce du Japon et des quatre NPI d'Asie – 1970-1985

Produits	Année	Japon	Hong Kong	Corée	Singapour	Taïwan
Intensifs en travail	1970	2,61	7,10	5,43	0,94	n.d.
	1976	1,38	6,91	6,06	0,94	n.d.
	1980	1,17	6,48	5,63	0,93	6,14
	1985	0,89	5,74	4,18	0,72	5,58
Intensifs en capital humain	1970	1,62	0,45	0,20	0,39	n.d.
	1976	2,25	0,70	0,76	0,61	n.d.
	1980	2,42	1,23	1,19	0,51	0,81
	1985	2,10	0,87	1,84	0,43	0,78
Intensifs en technologie	1970	2,46	1,59	0,62	0,63	n.d.
	1976	2,10	2,06	1,39	1,75	n.d.
	1980	2,13	1,59	1,46	1,80	1,81
	1985	2,08	1,45	1,16	1,19	1,44
Intensifs en capital physique	1970	1,37	0,13	1,16	0,26	n.d.
	1976	1,68	0,18	0,39	0,45	n.d.
	1980	1,80	0,23	0,74	0,56	0,43
	1985	1,50	0,44	0,53	0,59	0,48

Source : E.K.Y CHEN., « The Changing Role of the ANICS in the Asian Pacific Region Towards the Year 2000 », *Working Paper,* Asian and Pacific Development Center, 1988.

Sur la période 1970-1985, le Japon et Singapour perdent leurs avantages comparatifs dans les produits intensifs en travail non qualifié, et les autres pays voient ces avantages régresser nettement.

II - DEMANDE, CONCURRENCE IMPARFAITE ET COMMERCE INTERNATIONAL

A/ Échanges intrabranches : mesure et réalité

La pertinence des modèles traditionnels des échanges internationaux a été remise en cause en particulier du fait de l'importance du commerce intrabranche entre les pays industrialisés. Les échanges de ces pays entre eux semblent en effet se porter plus facilement sur des produits appartenant à des branches identiques plutôt que provenant de secteurs largement différents pour lesquels les conditions de l'offre (facteurs et technologie) apparaissaient primordiales dans les déterminants des échanges.

◆ Mesure des échanges intrabranches

> *L'échange intrabranche est généralement défini comme le commerce croisé de grandeurs comparables (importations et exportations) de produits appartenant à une même branche.*

L'indicateur le plus utilisé pour évaluer le commerce intrabranche est le ratio de H. Grubel et P. Lloyd (*Intra-Industry Trade,* MacMillan, 1975). Ce ratio mesure la part du commerce intrabranche dans le commerce total d'une branche donnée. Il s'énonce comme suit :

$$B_i = \frac{(X_i + M_i) - |X_i - M_i|}{X_i + M_i} \times 100$$

avec M_i : importations du produit i, et X_i : exportations de i.

Le coefficient B_i de Grubel et Lloyd est tel que $0 < B_i < 100$. Plus le ratio tend vers 100 et plus le pourcentage d'échange intrabranche par rapport au commerce total est important. L'indicateur donné par la formule représente bien la valeur du commerce intrabranche (ou produit) en pourcentage de la valeur du commerce total. Les branches sont statistiquement définies à partir de la nomenclature internationale CTCI (Classification type du commerce international) niveau 3 et niveau 5, qui, dans le secteur des produits manufacturés, distingue respectivement 130 et 940 items.

◆ Réalité du commerce intrabranche

La réalité des échanges intrabranches est diverse, cependant un trait domine : l'importance des échanges intrabranches par rapport aux échanges globaux.

Tableau 3.2
Coefficients de Grubel et Lloyd (GL) dans le commerce de produits manufacturés des principaux pays de l'OCDE – 1961-1985
(en pourcentage)

		1961	1965	1970	1975	1980	1985
États-Unis	niv. 3	41	50	57	62	62	60
	niv. 5	*29*	*36*	*35*	*40*	*46*	*48*
RFA	niv. 3	46	53	60	57	65	66
	niv. 5	*32*	*41*	*54*	*53*	*60*	*60*
France	niv. 3	59	72	78	78	82	82
	niv. 5	*46*	*60*	*67*	*68*	*70*	*71*
Italie	niv. 3	55	55	61	61	64	64
	niv. 5	*44*	*46*	*51*	*52*	*53*	*54*
G.-B.	niv. 3	47	56	64	73	81	81
	niv. 5	*30*	*48*	*56*	*65*	*71*	*71*
Espagne	niv. 3	28	27	41	46	58	58
	niv. 5	*13*	*18*	*30*	*36*	*47*	*47*
Grèce	niv. 3	08	10	19	24	25	29
	niv. 5	*03*	*06*	*09*	*17*	*18*	*22*
Japon	niv. 3	27*	26	33	27	27	25
	niv. 5	*20*	*15***	*23*	*20*	*22*	*19*

Source : OCDE, Base de données NEXT., 1962 (* 1960 ; ** 1964) ; J.-L. Mucchielli, F. Mazerolle, « Commerce intrabranche et intraproduit dans la spécialisation internationale de la France : 1960-1985 », *Revue économique*, novembre 1988.

Les calculs portant sur le commerce extérieur des pays développés indiquent une forte présence du commerce intrabranche dans les échanges, estimé à environ 50 % du commerce entre les pays développés. La prise en compte du niveau de désagrégation statistique le plus fin (niveau 5) atténue toutefois l'importance du phénomène intrabranche.

Les calculs effectués montrent l'importance du commerce intrabranche, son évolution, mais aussi sa grande diversité en fonction des pays étudiés. Les résultats indiquent un accroissement de l'intrabranche dans les échanges de produits manufacturés au cours de la période 1961-1985 pour tous les pays, à l'exception du Japon. Pour les cinq grands pays occidentaux, on observe en début de période un minimum de 29 % et un maximum de 46 % ; en fin de période, ces pourcentages sont de 48 % et 71 %.

Les évolutions sont marquées pour la Grande-Bretagne, la France et la RFA, mais beaucoup moins fortes pour les États-Unis, l'Italie et le Japon. La Grande-Bretagne et la France sont les pays qui ont les taux les plus élevés en 1985, avec 71 % (niveau 5) de recouvrement d'un flux intrabranche par son contraire. Le Japon est, quant à lui, l'objet d'un faible commerce intrabranche.

B/ Les explications de l'échange intrabranche

L'appréhension empirique du commerce intrabranche a contribué à renouveler l'analyse théorique des échanges internationaux. Trois stades peuvent être distingués dans ce renouveau :

– les prémisses du renouveau, en considérant plus particulièrement les phénomènes de demande et non plus d'offre ;

– l'essor et l'approfondissement des modèles théoriques liés à la concurrence imparfaite ;

– la nécessité de ne pas négliger malgré tout les éléments en termes d'offre et d'avantages comparatifs.

◆ La théorie de la demande représentative de Linder

S.B. Linder (1961) prit argument de l'importance des échanges de produits similaires entre pays à développement comparable pour rejeter la théorie d'Heckscher-Ohlin et pour tenter d'élaborer une nouvelle approche (*An Essay on Trade and Transformation,* Wiley & Sons). Cette nouvelle approche s'appuie sur les principes suivants :

– Les conditions de production ne sont pas indépendantes des conditions de la demande. La production est d'autant plus efficiente que la demande est grande.

– Les conditions de la production domestique sont principalement influencées par la demande intérieure. C'est la *demande domestique représentative* qui est le support de la production et la « condition nécessaire mais non suffisante » pour qu'un bien devienne exportable.

– Le marché extérieur n'est que le prolongement du marché national et l'échange international n'est que l'extension des échanges régionaux.

D'où le résultat suivant :

> *Plus les pays sont semblables, c'est-à-dire plus ils sont également développés, et plus « la gamme des exportables est identique ou incluse dans la gamme des importables ». Les échanges s'effectuent entre pays semblables et pour des produits comparables ou proches.*

La « proximité » des pays en termes de développement va leur faire demander des qualités comparables de produits différenciés ; ainsi, comme l'indique Linder, « le champ illimité de produits différenciés [...] rend possible un commerce florissant pour ce qui est virtuellement une même marchandise ».

Linder voit dans le commerce de produits similaires entre pays semblables la preuve de la non-pertinence de la théorie des proportions de facteurs ; à ses yeux, l'analyse d'Heckscher-Ohlin peut tout au plus expliquer les échanges entre des pays très différents comme les pays développés et les pays en voie de développement.

L'approche de Linder réussit-elle à se substituer aux approches traditionnelles du commerce international ? Si l'auteur commence par essayer d'expliquer la structure des échanges, il finit, en fait, par réaliser un projet très différent. En effet, il s'attache plus à l'explication de l'intensité des échanges croisés entre pays également développés qu'à la nature des biens échangés et à leurs caractéristiques intrinsèques, en dehors du fait qu'ils soient manufacturés. Il devient alors normal que plus les pays sont proches géographiquement et économiquement, plus ils aient tendance à avoir des relations commerciales entre eux ; mais on reste ici dans le cadre d'une explication sur le *volume* des échanges et non pas sur la *nature*.

Quelles que soient les faiblesses de l'analyse de Linder, force est de constater qu'elle a influencé tout un nouveau courant d'analyse qui a développé des approches en termes de concurrence imparfaite.

◆ Concurrence imparfaite et échange intrabranche

Deux grands courants théoriques peuvent être discernés. Le premier étudie la *concurrence oligopolistique* (peu d'offreurs et de nombreux demandeurs) et les échanges de produits identiques ; le second analyse la *concurrence monopolistique* (de nombreux offreurs et demandeurs mais des produits différenciés) et l'échange international de produits différenciés.

• Dans *l'approche oligopolistique,* le commerce intrabranche est perçu comme le résultat d'échanges de biens *strictement identiques*. L'analyse, développée notamment par J. A. Brander et P. Krugman, utilise un modèle à un bien et deux firmes (« A Reciprocal Dumping Model of International Trade », *Journal of International Economics,* janvier 1983).

En économie fermée, la production est effectuée dans chaque pays par un monopoleur. En économie ouverte, deux firmes, chacune appartenant à un des deux pays, fabriquent le même bien. Les deux marchés en autarcie ne font plus qu'un lors de l'ouverture à l'échange. Chaque firme va alors prendre une part de marché dans le pays partenaire. Le modèle devient un modèle de duopole où chaque firme prend une part de marché dans le pays étranger. L'équilibre sera retrouvé lorsque chaque firme aura la moitié du marché du pays partenaire. Dans ces conditions, le commerce sera parfaitement croisé et intrabranche.

• Dans *l'approche en termes de concurrence monopolistique,* le commerce intrabranche apparaît comme un échange de produits similaires mais non identiques, c'est-à-dire *différenciés*. Les automobiles françaises ne sont pas les mêmes que les automobiles allemandes ou italiennes. Les différenciations sur des biens à peu près comparables vont permettre aux consommateurs de satisfaire une *demande de différence* (Lassudrie-Duchêne, « La demande de différence et l'échange international », *Économies et Sociétés*, juin 1971). La différenciation va alors engendrer l'échange.

– Dans une première approche, les produits sont différenciés *horizontalement,* c'est-à-dire essentiellement par leur qualité. Plutôt que de préférer une qualité parmi toutes les autres, les consommateurs sont supposés vouloir consommer le plus possible de qualités différentes. Du côté des consommateurs, l'ouverture à l'échange sera motivée par la possibilité d'augmenter le nombre de variétés et de qualités possibles pour un même bien.

– Dans une seconde approche, on considérera que chaque individu désire *un seul type de produit* différencié en fonction de ses goûts. Du fait de la grande diversité des goûts individuels et des préférences, une demande de variété pour les produits apparaît au niveau global. Cette demande sera également mieux satisfaite par l'ouverture des frontières qu'en autarcie.

Dans les deux cas, les firmes se livrent une concurrence monopolistique en fabriquant les mêmes types de produits, mais en les différenciant le plus possible pour capter une plus large part de marché. L'échange international leur permettra d'élargir leur marché potentiel.

◆ Les explications éclectiques de Grubel et Lloyd

Grubel et Lloyd (1975), à la différence des auteurs précédents, ont emprunté, au niveau théorique, une approche que l'on pourrait qualifier d'éclectique dans la mesure où des explications multiples de l'intrabranche sont considérées.

Les déterminants doivent être distingués selon la *nature* des produits échangés, qui peuvent apparaître comme des *produits semblables et homogènes ou comme des produits différenciés, technologiques et/ou décomposables*.

• Le premier cas est celui d'échanges de *produits fonctionnellement homogènes*. Grubel et Lloyd indiquent que ces biens peuvent toutefois être différenciés par trois éléments :

– leur localisation : les coûts de transport internationaux peuvent être localement inférieurs aux coûts de transport inter-régionaux ; il y a alors un commerce intrabranche frontalier ;

– le temps pendant lequel les biens sont économiquement utiles : l'échange intrabranche est intersaisonnier; par exemple, importation de fraises en hiver et exportation en été ;

– leur emballage de présentation : un même produit peut être conditionné dans des emballages différents en fonction des firmes différentes qui le produisent.

Le commerce croisé des deux premiers groupes de produits peut, d'après les auteurs, être expliqué en termes de différences de dotations de facteurs entre les pays (Heckscher-Ohlin), le troisième peut l'être par la concurrence monopolistique.

• Le deuxième cas est celui d'échanges de *produits fonctionnellement différenciés*. Les auteurs distinguent également trois groupes de produits :

– les produits différenciés dans leurs inputs mais substituables dans leur utilisation, comme le bois ou l'acier pour les meubles, le nylon et la laine pour les vêtements ;

– les produits similaires dans leurs inputs mais différents dans leur utilisation, comme les produits dérivés du pétrole;
– les produits similaires dans leurs inputs et substituables dans leur consommation, comme différentes marques de cigarettes.

Les échanges dans le premier groupe de produits sont expliqués par l'approche des proportions de facteurs. Le deuxième groupe de produits est hétérogène. Il peut comporter des produits joints (la production de l'un entraîne celle de l'autre), pour lesquels l'approche en termes de proportions de facteurs est également pertinente, et des produits dont la production permettra des économies d'échelle (baisse des coûts unitaires lorsque le volume de la production augmente). Enfin, le troisième groupe de produits met en évidence des échanges fondés sur la différenciation du fait de la qualité, du style, et est lié en partie à des phénomènes de concurrence monopolistique entre firmes.

• Le troisième cas concerne des échanges de *produits technologiques et/ou décomposables* : le commerce intrabranche est alors occasionné par l'innovation et l'écart technologique.

Cette situation est illustrée par Grubel et Lloyd dans le cas d'un pays importateur effectuant une innovation sur un produit substituable au bien importé. A la suite de cette innovation, les importations vont progressivement se réduire et les exportations du nouveau produit se développer. Les deux biens appartenant à la même industrie, il y a, pendant une certaine période liée à la dynamique technologique des avantages comparatifs, un flux commercial croisé entre les deux produits.

L'analyse devient néo-technologique. Par ailleurs, la décomposition des processus productifs des biens permet un commerce international d'exportation et de réimportation lié à l'assemblage à l'étranger, à la fabrication de certaines pièces, au stockage, etc. Tous ces éléments amplifient les échanges intrabranches et s'expliquent souvent par des avantages comparatifs de type dotations de facteurs.

L'examen des échanges intrabranches a renouvelé les approches théoriques des échanges internationaux. En définitive, il apparaît de plus en plus que seule la prise en compte de ces nombreux courants peut fournir des éléments pertinents de réflexion sur les déterminants du commerce international et sur l'évolution des avantages comparatifs qui restent profondément influencés par la technologie, la qualification des hommes et les situations de concurrence imparfaite.

– 4 –

Les déterminants traditionnels de la multinationalisation des firmes

Les analyses théoriques sur la multinationalisation des firmes sont récentes : leur apparition date de la fin des années 1950. La première tentative d'explication s'est faite en rejetant les apports de la théorie du commerce international. En effet, on retenait de cette théorie les modèles dans lesquels les hypothèses de concurrence pure et parfaite et d'immobilité internationale des facteurs de production apparaissaient comme centrales. Or, le phénomène de la multinationalisation mettait en évidence le comportement de grandes firmes se mouvant dans un univers de concurrence imparfaite, oligopolistique, et transférant des facteurs de production à l'étranger, notamment des capitaux.

Les premières analyses vont se centrer sur les *structures de concurrence imparfaite* et les *oligopoles* comme éléments déterminants de la multinationalisation (I). Mais progressivement, l'analyse de la firme et de son organisation interne va se développer, la multinationalisation va apparaître comme un processus normal de l'extension internationale du réseau de la firme, les déterminants liés à l'*organisation de la firme* vont prendre alors le pas sur les facteurs de concurrence entre firmes (II). Enfin, certains éléments de la théorie du commerce international seront finalement repris ; quelques analyses vont mettre ainsi en relation l'évolution des *avantages comparatifs* des pays et celle des investissements à l'étranger (III).

I - CONCURRENCE IMPARFAITE DES MARCHÉS ET MULTINATIONALES

A/ Avantage spécifique et firme multinationale

◆ La notion d'avantage spécifique transférable

La première question des chercheurs a consisté à se demander comment une firme s'implantant à l'étranger et subissant, de ce fait, des coûts de délocalisation de sa production, peut rester compétitive face aux entreprises locales qui, elles, produisent sur leur propre marché. S. Hymer (1968) dégage alors la notion d'avantages spécifiques :

> *Les multinationales doivent avoir des avantages spécifiques transférables internationalement qui leur permettent d'obtenir des gains supérieurs aux coûts d'implantation et, ainsi, de demeurer compétitives sur les territoires étrangers.*

(Cf. S. Hymer, « La grande "corporation" internationale », *Revue économique,* novembre 1968.)

Ces différents types d'avantages spécifiques sont liés à un certain nombre d'*imperfections* des marchés dont va profiter la grande firme en voie de se multinationaliser et qui sont les suivantes :

– des imperfections sur les marchés des *produits*, qui sont différenciés (la firme multinationale qui s'implante peut jouir d'une bonne image de marque, entretenue par une forte publicité...) ;

– des imperfections sur les marchés des *facteurs de production* (la firme multinationale peut avoir un avantage technologique ou, du fait de sa taille, obtenir des accès privilégiés aux marchés de capitaux, de matières premières, de main d'œuvre spécialisée...) ;

– des *économies d'échelle* (économies d'échelle internes à la firme et celles du secteur dont la firme multinationale, en agrandissant sa production, peut profiter...) ;

– des *politiques gouvernementales* d'intervention sur les marchés, tendant à favoriser l'implantation des multinationales.

Ces avantages peuvent être *absolus,* comme la possession d'une technologie connue d'aucun autre concurrent, ou *relatifs* vis-à-vis des firmes autochtones, comme un meilleur accès aux marchés internationaux, la réalisation d'économies d'échelle...

Ces éléments sont le plus souvent analysés en termes de *barrières à l'entrée*. Les barrières à l'entrée sont les coûts que doit surmonter une entreprise pour entrer dans une branche. Ces barrières sont elles-mêmes établies par les firmes qui sont déjà dans la branche et qui tentent de limiter ainsi l'entrée de nouveaux concurrents. Ainsi, de fortes dépenses en R&D, d'importants budgets de publicité, la nécessité de posséder l'ensemble d'une gamme de produits, etc., sont autant de barrières empêchant l'entrée dans une industrie. Si l'industrie est composée de plusieurs groupes de firmes relativement homogènes, petites, moyennes et grandes firmes, il peut exister également des barrières à la mobilité intra-industrielle, empêchant les firmes de passer d'un groupe à un autre. En supposant ici que la multinationalisation est l'apanage des grandes firmes, ces barrières empêcheraient les firmes petites et moyennes de devenir des multinationales.

◆ L'application de l'avantage spécifique

Les analyses empiriques ont d'abord porté sur les multinationales américaines. La comparaison des firmes américaines multinationalisées avec celles qui ne l'étaient pas a donné de premiers résultats indiquant que la taille de la firme jouait un rôle important.

D'autres études, plus complètes, ont montré par la suite que les deux principaux déterminants, en dehors de la taille, étaient la technologie et la différenciation des produits.

Ainsi, l'analyse des avantages spécifiques transférables indique les conditions nécessaires à l'implantation à l'étranger : pour se délocaliser, une firme doit avoir un quelconque avantage à exploiter par rapport aux entreprises locales du pays d'accueil. Mais si cette condition est nécessaire, elle ne suffit pas à expliquer pourquoi une firme ressent le besoin de s'implanter à l'étranger plutôt que d'exploiter ses avantages à l'aide d'exportations. On retrouve en effet les mêmes déterminants lorsqu'on explique la multinationalisation et l'exportation (technologie, coûts, différenciation, oligopole).

L'approfondissement de l'étude des comportements oligopolistiques a visé à répondre à cette question.

Le concept d'avantage spécifique transférable internationalement a trouvé ses premières utilisations dans le cadre industriel de la concurrence oligopolistique entre firmes. C'est par réaction aux évolutions de la concurrence que les entreprises vont se multinationaliser. Cette explication se retrouve aussi bien dans la théorie du cycle du produit que dans celle dite de la réaction oligopolistique ou dans les analyses des investissements croisés.

B/ Oligopole et firme multinationale

◆ Cycle du produit et délocalisation dans les pays développés

Dans la théorie du cycle du produit (théorie de Vernon, voir supra, chapitre 3), la firme innovatrice, après avoir exporté vers les marchés des autres pays développés, s'y délocalise.

L'explication repose sur l'évolution du produit et de la technologie détenue par la firme. Le produit arrivant à son stade de maturité, la firme innovatrice perd son avantage technologique absolu ; les firmes imitatrices de son propre pays sont déjà ses concurrentes sur les marchés étrangers, et des entreprises locales dans les pays importateurs commencent également à vouloir imiter le produit afin de prendre une part de marché. La situation de monopole technologique se transforme en une situation d'oligopole, dans laquelle les barrières à l'entrée diminuent au fur et à mesure que le produit arrive à maturité. Pour essayer d'enrayer cette perte de domination, la firme innovatrice va alors tenter d'être la première à délocaliser sa production sur les marchés des pays importateurs de son produit. De cette façon, elle espère accroître sa compétitivité par plusieurs moyens :

– en *réduisant ses coûts* (produisant sur place, elle évite les coûts de transport);

– en *adaptant mieux son produit* à la demande locale (grâce à une meilleure connaissance des goûts des consommateurs locaux);

– en *augmentant les barrières à l'entrée*, par un meilleur contrôle du marché (notamment en créant des ententes, des fusions, des liens de sous-traitance avec les entreprises locales ayant des potentialités d'imitation, en amplifiant les campagnes de publicité pour renforcer son image de marque, etc.).

Toute cette stratégie consiste à remplacer l'avantage technologique absolu perdu, ou en passe de l'être, par des avantages relatifs de coûts et de différenciation, afin de conserver une place de leader dans les pays d'accueil.

◆ Cycle du produit et délocalisation du produit banalisé

A la fin du cycle, lorsque le produit est banalisé, la concurrence s'effectue principalement en termes de prix, et le contenu en travail peu qualifié du produit incite à la recherche d'une main d'œuvre au moindre coût. La production peut alors être transférée vers des pays moins développés où une demande pour le produit existe; dans la mesure où la concurrence oligopolistique ne joue plus aussi fortement, ce transfert peut s'effectuer parfois sous forme de vente de licence ou de sous-traitance (voir, par exemple, la délocalisation de la 2CV au Portugal et de la Coccinelle au Brésil, et les tentatives d'implantation de Velosolex en Asie après la vente du brevet).

Vernon pense également que cette délocalisation peut avoir lieu d'une région vers une autre au sein même du pays d'origine, en jouant sur les différences interrégionales de coûts de main d'œuvre (délocalisation du textile américain du nord vers le sud des États-Unis). Les différentes phases de délocalisation sont résumées dans la figure 4.1.

Figure 4.1
Phase du cycle du produit et mode de pénétration des marchés étrangers

Produit	croissance	maturité	déclin
Pays	pays leader	pays développé suiveur	pays en développement
Structure	(technologie / oligopole)		(travail peu qualifié / concurrence)
Mode de pénétration	exportation	investissement direct	licence / sous-traitance

◆ Réaction oligopolistique et multinationalisation

La *théorie de la réaction oligopolistique* souligne encore plus l'importance des comportements collectifs dans le cadre d'un secteur oligopolistique. En étudiant le comportement de délocalisation des firmes, on a remarqué que celles-ci avaient tendance à implanter presque en même temps leurs filiales à l'étranger. Il y avait alors un phénomène de grappe (cf. F. T. Knickerbocker, *Oligopolistic Reaction and Multinational Enterprise*, Harvard University Press, 1973).

L'explication de base est la suivante :

> *Une firme leader, en s'implantant à l'étranger, cherche à modifier à son avantage la structure du marché. Les firmes suiveuses de l'oligopole se sentent alors agressées; par réaction, elles se délocalisent à leur tour pour tenter de rétablir leur part de marché antérieure.*

Il s'ensuit une sorte de fuite en avant où chacun se délocalise à l'étranger parce que le concurrent le fait. Plus les secteurs seront oligopolistiques, c'est-à-dire contrôlés par un petit nombre de firmes, et plus ce phénomène aura de l'importance. De nombreux exemples peuvent être cités : en s'implantant aux États-Unis, Bouygues imite son concurrent direct, Spie Batignolles, tout comme Peugeot imite Wolskwagen en s'implantant en Chine ; de même, le mouvement actuel de délocalisation accélérée de certaines multinationales dans les pays de l'Est peut faire penser aux mêmes déterminants.

Si l'on rattache cette analyse à la théorie de l'écart technologique entre firmes, on explique alors le comportement du leader qui, fort d'une avance technologique temporaire, va essayer de modifier à son avantage la répartition des parts du marché mondial.

◆ Investissements croisés, investissements intrabranches et oligopoles

Les investissements croisés peuvent également s'analyser en termes de réaction oligopolistique. C'est ainsi qu'a été parfois étudiée l'implantation des firmes américaines en Europe, suivie de la réplique des firmes européennes s'implantant aux États-Unis.

Soient a_{ij} les parts de marché des firmes i dans le pays j, et Y_j la taille du marché considéré ; FA les firmes américaines et FE les firmes européennes ; Y_{US} la taille du marché américain et Y_{EUR} celui de l'Europe ; V_{FA} et V_{FE} respectivement les ventes totales des firmes américaines et des firmes européennes. Les relations suivantes peuvent être établies :

$$V_{FA} = a_{FA.US} \cdot Y_{US} + a_{FA.EUR} \cdot Y_{EUR}$$

$$V_{FE} = a_{FE.US} \cdot Y_{US} + a_{FE.EUR} \cdot Y_{EUR}$$

Les ventes des firmes américaines et européennes se partagent entre les deux marchés et sont fonction des parts de marchés. Par hypothèse, la part de marché des firmes américaines est forte sur leur propre territoire et faible en Europe, et inversement pour les firmes européennes :

$$a_{FA.US} > a_{FA.EUR} \text{ et } a_{FE.EUR} > a_{FE.US}$$

La dynamique du modèle va être déclenchée par l'évolution comparée des tailles de marché. Partons d'une situation initiale d'équilibre, et supposons que le marché européen voie sa taille augmenter (mise en place du Marché commun). Cette évolution modifie les rapports de force entre les deux groupes de firmes, puisque les entreprises américaines ont une faible part sur le marché le plus dynamique (Europe) et une forte part sur le marché le moins dynamique (États-Unis) ; l'inverse étant vrai pour les firmes européennes, ces dernières améliorent leur position.

En réponse à cette modification, les firmes américaines investissent en Europe afin d'augmenter leur part sur le marché européen : $a_{FA.EUR}$ augmente au détriment de $a_{FE.EUR}$. La réponse des firmes européennes sera alors de tenter, à leur tour, d'augmenter leur part au États-Unis en profitant de la faiblesse de l'économie américaine (et donc d'un dollar faible et de la concurrence interne), puis d'accentuer cette pénétration lorsque la conjoncture renversera les taux de croissance en faveur de la taille du marché américain et en défaveur du marché européen. Le croisement s'effectue alors de façon intertemporelle : il y a d'abord investissements américains en Europe, puis investissements européens aux États-Unis.

Cette analyse peut très bien s'appliquer aux investissements intrabranches puisque la concurrence oligopolistique s'effectue à l'intérieur de chaque secteur (branche). De façon globale, elle peut être utilisée pour expliquer le renversement de la position des États-Unis, qui sont passés d'une situation de pays investisseur à celle de pays d'accueil.

◆ Investissements croisés intrabranches et échange de menace

L'introduction des comportements oligopolistiques a été améliorée en expliquant les réponses immédiates (et non décalées dans le temps) des firmes suiveuses sur le territoire desquelles la firme étrangère leader vient s'installer. La firme agressée sur son territoire va répondre en investissant sur le territoire de l'autre, afin d'affaiblir la position du leader chez lui, dans son principal centre de profit, et ainsi lui faire lâcher prise à l'étranger, sur le territoire de la firme agressée. Ce phénomène peut être interprété comme un *échange de menace*. La menace de la firme suiveuse ne peut être crédible que si elle investit réellement dans le pays de la firme leader et non pas si elle se contente d'y augmenter simplement ses exportations.

Ainsi, par exemple, Michelin répondra à l'investissement de Firestone en France par une expansion de ses investissements aux États-Unis en rachetant Uniroyal. S'il arrive à mettre en difficulté Firestone sur son propre territoire, celui-ci réduira alors sans doute ses ambitions françaises afin de sauvegarder sa position chez lui aux États-Unis. En termes d'art martial, on pourrait dire que la déstabilisation de l'adversaire passe par une attaque sur son centre de gravité afin de le déséquilibrer et de lui faire lâcher prise. Le comportement des firmes devient *stratégique* beaucoup plus que « suiviste », comme c'était le cas dans les premières analyses où l'on suivait simplement le leader.

II - THÉORIES DE LA FIRME ET MULTINATIONALISATION

Dans les approches prenant la firme comme élément d'analyse principal, l'investissement international va apparaître comme une conséquence de son processus de croissance. Plus la firme croît, plus elle cherche à se diversifier — notamment géographiquement — pour réduire les risques et augmenter ses profits. Plus son organisation interne change et devient complexe, plus elle pourra envisager d'intégrer au sein de son organisation des activités et des produits nécessaires à sa propre production ou à sa vente, qu'elle se procurait auparavant sur les marchés. Elle effectue alors un calcul économique des coûts et avantages des différentes méthodes d'expansion internationale.

A/ Coûts de transaction et multinationalisation

◆ Internalisation et imperfections des marchés

Les coûts de transaction apparaissent déjà comme étant à la base du choix de la firme dans ses stratégies alternatives, mais ils vont être fortement privilégiés et approfondis dans la *théorie de l'internalisation.*

> *La théorie de l'internalisation démontre l'intérêt que peut avoir une firme devant se fournir en matières premières ou produits intermédiaires pour élaborer son produit ou en services divers pour le vendre, à se détourner des marchés et à organiser elle-même, au sein de sa structure, la production des inputs ou/et des services dont elle a besoin.*

Les marchés vont être ainsi rendus « intérieurs » à la firme, c'est-à-dire internalisés, et les transactions s'effectueront entre filiales d'une même entreprise et non plus entre firmes indépendantes sur les marchés.

L'explication de ce comportement, qui remonte à l'analyse de la nature même de la firme en tant qu'organisation complexe, réside dans l'étude des coûts et des avantages respectifs du marché et de l'organisation de la firme (cf. R. Coase, « The Nature of the Firm », *Economica,* n° 4, 1937). Dans un certain nombre de cas, les *coûts de transaction* sur les marchés vont être plus élevés que ceux de l'organisation de la firme : les marchés seront alors internalisés.

Les différents coûts de transaction du marché sont engendrés par des défaillances du marché, et même dans certains cas par l'inexistence du marché dans son rôle d'intermédiaire des échanges.

Six types de risques liés à l'échange peuvent être retenus :

– L'incapacité à créer un *contact* entre acheteurs et vendeurs. Ce risque intervient lorsque les co-échangistes sont peu nombreux et dispersés, les coûts de recherche et d'annonce élevés, et le prix également influencé par la situation de concurrence imparfaite.

– L'incapacité à comprendre les *spécifications* du produit. Ce risque intervient lorsque le produit est nouveau, ses fonctions complexes, et que l'acheteur n'a pas les connaissances suffisantes pour l'utiliser correctement. Les coûts sont liés à la perte sèche engendrée par l'achat d'un produit qui ne correspond pas à ce que l'on voulait ou que l'on ne sait pas utiliser, et aux pertes liées à une éventuelle revente du produit.

– L'impossibilité de s'accorder sur un *prix* de vente. Cela peut provenir de la méconnaissance du marché ou d'une partie des spécificités technologiques du produit, et engendre un coût de négociation sur le prix.

– Les défauts dans la *qualité* du produit. Ils peuvent avoir pour origine la malhonnêteté du vendeur, la méconnaissance du produit, l'impossibilité de l'essayer avant l'achat, etc. ; ils engendrent un coût d'utilisation du produit, de réparation...

– Les difficultés de *transport,* les délais de livraison non respectés, les chocs subis lors du transport impliquent, quant à eux, des coûts de réparation, de refus du produit, de remboursement, de délais...

– Les difficultés juridiques liées aux tentatives de *contrainte* exercées sur le vendeur pour qu'il respecte ses engagements peuvent exister et seront d'autant plus grandes que la méconnaissance par l'acheteur des rouages juridiques est importante ; cela engendre des coûts dus aux recours, aux frais de justice.

◆ Nature des produits, intégration verticale et horizontale

Les risques soulignés précédemment mettent en évidence des insuffisances des marchés, ou même l'inexistence de certains marchés, qui sont liées également à la nature du produit. Ainsi, les insuffisances du marché peuvent être d'autant plus grandes que le produit est plus technologique. En effet, si la technologie comporte des éléments de secret, elle peut cependant être considérée comme un *bien public,* car son utilisation par un individu n'empêche pas les autres de l'utiliser également. Pour éviter ce phénomène, il faut établir des droits de propriété sur la technologie, afin de fixer un prix d'utilisation de cette technologie.

La firme innovatrice est donc, en principe, protégée par des brevets. Néanmoins, il demeure parfois difficile d'assurer une protection complète de sa technologie ; les risques d'imitation sont d'autant plus importants que l'innovation est diffuse dans le produit ou dans un de ses composants et qu'elle est difficilement protégeable. Si la firme effectue sur le marché les transactions nécessaires à la production et à la vente de son produit, elle risque de dévoiler tout le contenu technologique de son produit, et, ce faisant, de diffuser sa technologie ; si l'échange est internalisé entre filiales d'une même firme, ces risques sont dissipés.

Les défaillances du marché peuvent également être redoutées pour des matières premières. Une firme a besoin d'approvisionnement sûr et d'une qualité certaine (produits alimentaires, par exemple). Pour assurer ces exigences, elle est tentée d'internaliser ses sources d'approvisionnement afin de mieux les contrôler. A l'autre bout de la chaîne, il peut en être de même pour le réseau de commercialisation du produit.

L'inexistence du marché engendre également de nombreux risques. Ce sera, par exemple, l'inexistence d'un marché à terme pour des produits intermédiaires dont les prix peuvent varier de façon importante (composants électroniques), ce qui oblige la firme à faire des achats de précaution pour ne pas être en rupture de stock et engendre de nombreux frais. La fabrication par la firme de ces produits intermédiaires, plutôt que leur achat au comptant sur le marché, implique, de ce fait, une internalisation.

Pour ces nombreuses raisons, la firme sera tentée de réaliser une intégration complète de sa production, *intégration verticale* dans la mesure où toutes les étapes du processus de fabrication peuvent être réalisées par elle-même. Elle pourra également internaliser par *intégration horizontale,* en multipliant, par exemple, l'internalisation de ses sources d'approvisionnement, et cela aux différents stades de la production (plusieurs filiales pour les matières premières, pour les produits intermédiaires...), afin de mieux répartir les risques, de mieux contrôler les débouchés et d'augmenter ses parts de marchés (rachat de concurrent(s), recherche d'une position de monopole).

B/ Internalisation et multinationalisation de la firme

L'application à la firme multinationale du principe d'internalisation est simple. Il suffit de considérer que la firme doit intervenir sur des marchés internationaux et que ceux-ci présentent les risques déjà soulignés — et parfois même amplifiés par la distance géographique. *Toute internalisation d'un marché étranger engendre alors une multinationalisation de la firme.*

Pour simplifier, on peut retenir trois grandes motivations qui vont inciter la firme à internaliser des marchés étrangers :
- assurer son approvisionnement extérieur ;
- assurer la continuité internationale de son processus de fabrication tout en protégeant sa technologie ;
- assurer ses débouchés extérieurs, tout en protégeant sa marque.

La première motivation se retrouve dans la multinationalisation des firmes dont les produits sont fortement dépendants de matières premières et de produits agricoles. Par exemple, la Compagnie anglaise des Indes possède ses propres plantations de thé en Inde afin d'assurer son approvisionnement, Michelin achète des plantations d'hévéa en Malaisie pour se fournir en caoutchouc, etc.

La deuxième motivation se retrouve dans la multinationalisation des firmes produisant des produits manufacturés qui incorporent notamment des produits intermédiaires intensifs en technologie (ordinateurs).

La troisième motivation se retrouve chez toutes les firmes.

Cependant, la théorie de l'internalisation appliquée à la multinationalisation de la firme n'indique pas vraiment pourquoi la firme doit intervenir sur les marchés extérieurs plutôt que sur les marchés nationaux — c'est-à-dire propres à son pays d'origine. Une internalisation sur son propre territoire entraîne un développement de la firme de façon multirégionale ou multiproduit mais non multinationale. Les raisons d'intervention sur les marchés extérieurs ne peuvent être comprises que si l'on examine les caractéristiques des différents pays d'accueil, et donc leurs différents avantages comparatifs. A l'analyse en termes de coûts de transaction, il faut associer, notamment, celle en termes de coûts de production.

III - AVANTAGES COMPARATIFS ET FIRMES MULTINATIONALES

A/ Investissements et théorie de l'échange international

◆ Les investissements comme substituts aux échanges

R. A. Mundell (« International Trade and Factor Mobility », *American Economic Review,* 1957) est l'un des premiers à avoir étudié les investissements internationaux dans le cadre de la théorie de l'échange international. Son analyse reste dans la logique du modèle d'Heckscher et Ohlin d'échanges liés aux différences d'abondances relatives de facteurs.

Si les pays échangent des produits, c'est parce que, initialement, les facteurs de production sont immobiles. A l'inverse :

> *Si les facteurs sont mobiles internationalement (en particulier le capital), et le commerce des produits fortement limité (sinon empêché) par des barrières douanières, les investissements apparaissent comme des substituts au commerce de marchandises.*

La rémunération du capital étant, en principe, plus élevée dans le pays qui est faiblement doté en capital que dans l'autre pays, il s'opère un mouvement de capitaux du pays abondant vers le pays où le capital est rare. Ce dernier va produire alors plus de biens intensifs en capital, biens qu'il importait auparavant. Les investissements se substituent ainsi aux importations et les dotations relatives se rapprochent les unes des autres. Avec ce transfert de capital, les avantages comparatifs peuvent être amenés à disparaître, entraînant l'arrêt du commerce. *L'investissement est alors destructeur du commerce international.*

◆ Les vérifications empiriques

Dans la réalité, de nombreux investissements peuvent avoir comme première motivation celle de contourner les barrières à l'échange comme les tarifs douaniers ou les barrières non tarifaires. Les investissements américains en Europe, au cours des décennies 1960 et 1970, peuvent être interprétés comme la volonté de contourner les barrières douanières communes et de prendre pied sur un grand marché européen unifié.

Aujourd'hui, les mêmes explications peuvent être données pour les investissements japonais ou coréens en Europe. Ils sont sans doute fortement influencés par le spectre de la « forteresse Europe » qui risque d'augmenter les entraves aux importations de produits japonais pour essayer de lutter contre les déficits commerciaux.

L'accentuation des investissements japonais aux États-Unis, par exemple dans l'automobile, semble, elle aussi, étroitement liée à la limitation implicite de ne pas importer plus de 1,8 million de voitures japonaises par an. Un débat s'est d'ailleurs engagé au Japon pour savoir si ces investissements n'allaient pas se substituer à leur tour aux exportations japonaises vers l'Occident et affaiblir ainsi le potentiel industriel du Japon lui-même, comme les investissements américains en Europe avaient pu affaiblir le potentiel américain.

Ces investissements vont s'effectuer dans le pays importateur parce que les coûts d'exportation (liés notamment au tarif douanier) sont supérieurs à la perte due aux coûts de production relatifs plus élevés dans le pays importateur que dans le pays exportateur.

◆ La complémentarité entre investissements et échanges

Le modèle de Mundell indique que les investissements s'effectuent dans la même branche que celle dans laquelle le pays investisseur possède un avantage comparatif, d'où les risques de destruction d'échanges. Un autre modèle va, au contraire, souligner la possibilité du caractère complémentaire des deux flux.

K. Kojima (*Direct Foreign Investment, a Japanese Model of Multinational Business Operations,* Croom Helm, 1978) prend appui sur les investissements japonais dans les pays en voie de développement pour souligner cet aspect complémentaire. On considère que l'investissement est constitué de capital mais aussi de technologie. Les pays sont de ce fait différents en termes de dotations de facteurs, mais aussi en termes de technologie ; le capital et la technologie sont, par ailleurs, spécifiques à chaque secteur.

Prenons pour exemple deux pays, un pays développé (Nord) et un pays en développement (Sud) et deux industries, 1 (machines) et 2 (textile) ; le Nord est abondant en capital et a un avantage comparatif dans le produit 1 (machine) intensif en capital, l'inverse est vrai pour le Sud. On suppose alors que le prix international du textile est égal au prix relatif du Sud, du fait de la faible demande internationale de textile. A cause de cela, le Sud ne s'ouvre pas à l'échange. Il n'y a donc pas d'échange international.

Cependant, le capital et la technologie étant spécifiques à chaque secteur, les firmes du textile dans les pays développés vont avoir un avantage à se délocaliser dans les pays en développement où la main d'œuvre est moins chère et où la rentabilité du capital textile est plus élevée. Le transfert du capital et de la technologie des firmes de textile du Nord vers le Sud améliore la productivité dans ce secteur, abaisse les coûts de fabrication et rend alors possible l'échange international. Les coûts du Sud devenant plus faibles que le prix international, il va exporter du textile et importer des machines.

L'investissement est alors créateur d'échange ; de plus, il est intrabranche et s'effectue du pays développé vers le pays en développement, dans le secteur pour lequel le premier n'a pas d'avantage comparatif et le second en possède un, sans pouvoir initialement l'exploiter.

B/ Dynamique de l'investissement et des avantages comparatifs

◆ Dynamique de l'investissement et de l'échange

Les idées de Kojima ont été reprises par Ozawa dans le cadre d'un modèle dynamique de la spécialisation et de l'investissement japonais à l'étranger appliqué aux pays en développement de l'Asie du Sud-Est (T. OZAWA, « Japanese Multinationals and 1992 », in B. BÜRGENMEIER, J.-L. MUCCHIELLI, *Multinationals and Europe 1992,* Routledge, 1991).

Les investissements japonais à l'étranger vont alors dépendre de l'évolution industrielle du Japon ; avec un temps de retard, chaque phase de l'investissement international sera reliée à une phase antérieure de l'industrialisation japonaise. Ozawa relève l'existence de quatre phases dans l'industrialisation récente du Japon.

– *Phase I.* Expansion de l'*industrie légère* (1950-mi-1960) ; l'industrialisation est fondée sur des industries intensives en main d'œuvre, et orientée vers l'exportation, comme le textile, le petit électroménager, et autres industries légères et articles manufacturés divers.

– *Phase II.* Expansion de l'*industrie lourde* (début 1960-début 1970) ; l'industrialisation est fondée sur l'industrie lourde sujette aux économies d'échelle et orientée également vers les exportations, comme la sidérurgie, la construction navale, la pétrochimie, les fibres synthétiques.

– *Phase III.* Expansion des *industries des biens de consommation* (fin 1960-fin 1980) ; la poursuite du développement industriel est liée à la production de masse (toujours orientée vers l'exportation) de biens de consommation durables, décomposables et pouvant faire l'objet d'une importante sous-traitance, comme les automobiles, les biens électriques et électroniques.

– *Phase IV.* Expansion des *industries des biens hautement technologiques* (fin 1980) ; c'est une phase de production de biens hautement différenciés et technologiques, liés à des processus de production flexibles grâce à l'assistance par ordinateur, et comprenant des biens comme les nouveaux matériaux de la chimie fine (céramique), les nouvelles générations de microprocesseurs, la télévision haute définition, etc.

Figure 4.2
Correspondance entre les phases d'industrialisation au Japon et les phases de ses investissements à l'étranger

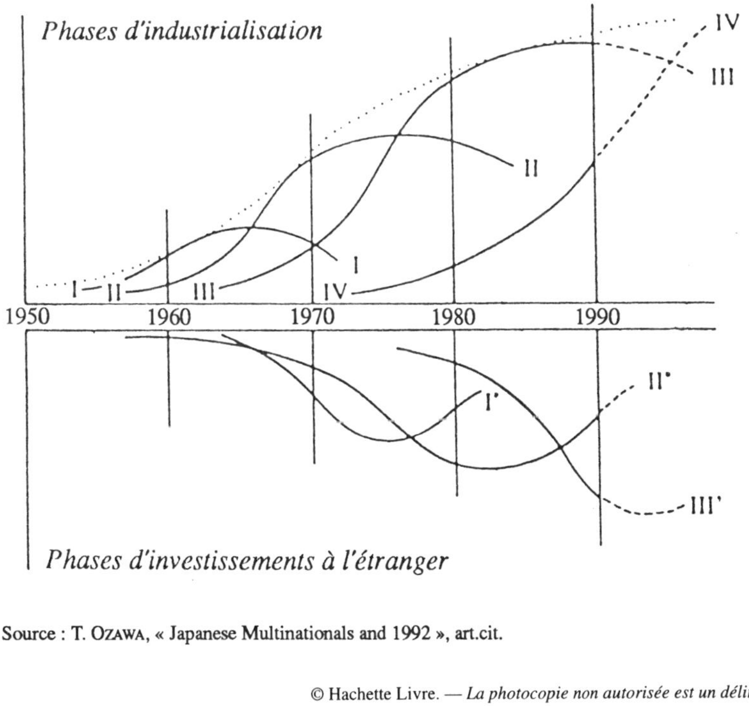

Source : T. Ozawa, « Japanese Multinationals and 1992 », art.cit.

◆ Les phases de l'investissement international

Chaque phase d'industrialisation ralentit progressivement sous l'influence de contraintes de croissance spécifiques, pendant qu'une autre phase se met en place.

– En fin de phase I, les contraintes de croissance sont liées à la hausse des salaires et au manque progressif de main d'œuvre non qualifiée et bon marché ; les firmes de ces secteurs vont alors se délocaliser dans les pays où cette contrainte n'existe pas encore. C'est le premier type d'investissement direct à l'étranger engendré par la recherche de main d'œuvre à bon marché.

– En fin de phase II, les contraintes de croissance apparaissent dans l'impossibilité de continuer sur le territoire national des productions intensives en espace (du fait de la pollution qu'elles entraînent, des congestions industrielles...) et dans la forte dépendance de l'industrialisation dans les matières premières étrangères. Un deuxième type d'investissement à l'étranger apparaît, orienté vers la plus grande sécurité de l'approvisionnement en matières premières et la délocalisation des industries lourdes. Le Japon conserve alors une spécialisation dans le *software* plutôt que dans le *hardware* de ces industries, c'est-à-dire dans l'assistance technique, les brevets, les contrats-clés en main, plutôt que dans la production directe des produits des industries lourdes.

– La phase III est rapidement confrontée à la contrainte de l'excédent chronique du Japon dans les exportations de biens de consommation, qui entraîne la montée du protectionnisme des autres pays développés. L'investissement direct qui s'ensuit est fondé sur des délocalisations d'usines de montage dans les pays importateurs, dans le cadre d'une stratégie de substitution aux exportations et de recyclage des surplus à l'étranger.

– Pendant ce temps, la phase IV de développement se met en marche vers une production de biens hautement technologiques qui donneront progressivement lieu à de nouvelles formes d'investissements internationaux comme les alliances entre firmes (cf. chapitre suivant).

Ainsi, les différents types d'investissements qui s'enchaînent en fonction de l'évolution du développement de l'économie japonaise la renforcent également, puisqu'ils permettent à ce pays d'abandonner progressivement des spécialisations dont les avantages comparatifs s'estompent pour se consacrer à de nouvelles spécialisations aux avantages comparatifs naissants. Un véritable cercle vertueux de la croissance et de l'investissement direct se met alors en place.

– 5 –

Nouvelles théories et nouvelles formes de la multinationalisation

Les explications théoriques précédentes privilégiaient un déterminant en laissant les autres de côté. Cette démarche ne peut permettre d'élaborer une théorie globale de la multinationalisation des firmes, où plusieurs niveaux d'analyse sont requis simultanément.

Une partie des démarches théoriques contemporaines tente d'intégrer les différents niveaux d'analyse que sont la firme (niveau microéconomique), l'industrie (niveau mésoéconomique) et le pays (niveau macroéconomique), pour y souligner les complémentarités et mettre en évidence que l'investissement direct à l'étranger se réalise lorsque les différentes variables présentent en même temps un certain nombre de caractéristiques propices à la multinationalisation.

Dunning a particulièrement exploré cette voie de recherche à l'aide de sa théorie dite *éclectique* (I) [cf. J. H. DUNNING, *Explaining International Production,* Unwin Hyman, 1988]. Il délaisse cependant progressivement l'importance du secteur dans la délocalisation des firmes, et des actions stratégiques des firmes dans le cadre de la concurrence oligopolistique. La théorie *synthétique,* en se penchant notamment sur les nouvelles formes d'investissements étrangers, tente de pallier cette lacune (II).

I - LA THÉORIE ÉCLECTIQUE DE LA FIRME MULTINATIONALE

A/ Les bases de la théorie éclectique

◆ Le paradigme OLI

Dunning développe une analyse — qu'il appelle la *théorie éclectique,* ou encore le *paradigme OLI* — qui reprend les initiales de trois grands types d'avantages à la multinationalisation :

- l'avantage spécifique de la firme (O comme *ownership advantages*),
- l'avantage à la localisation à l'étranger (L),
- l'avantage à l'internalisation (I).

Chaque type d'avantage, déjà analysé dans le chapitre précédent, se rattache en priorité à un niveau d'analyse : O à la concurrence imparfaite, I à l'internalisation et à l'organisation de la firme, L à l'avantage comparatif du pays d'accueil. Pour ce qui concerne l'avantage à la localisation, il est surtout tenu compte des variables de coût, en particulier des coûts de production, ainsi que des coûts de transport et de distribution.

Tableau 5.1
Récapitulatif des différents avantages à la multinationalisation

Avantage spécifique (O)	Avantage à la localisation (L)	Avantage à l'internalisation (I)
1. Propriété technologique	1. Différences des prix des inputs	1. Diminution du coût d'échange
2. Taille, économies d'échelle	2. Qualité des inputs	2. Dimin. du vol de droit de propriété
3. Différenciation du produit	3. Coûts de transport et de communication	3. Réduction de l'incertitude
4. Dotations spécifiques (hommes, capitaux, organisation)	4. Distance psychique (langue, culture...)	4. Contrôle de l'offre (quantité et qualité)
5. Accès aux marchés (facteurs et produits)	5. Distribution spatiale des inputs et des marchés	5. Contrôle des débouchés
6. Multinationalisation antérieure	6. Possibilités d'entente	
		7. Internalisation des externalités
		8. Inexistence des marchés à terme

Source : J. H. Dunning, 1988, *op. cit.*

◆ Les différents modes de pénétration

L'auteur étudie alors les trois voies principales et alternatives de pénétration des marchés étrangers déjà étudiées.

> *L'investissement direct comme mode de pénétration du marché étranger est choisi lorsque la firme réunit* simultanément *les trois types d'avantages, O, L et I.*

S'il n'y a pas d'avantage à la localisation mais un avantage spécifique et un avantage à l'internalisation, la firme garde la maîtrise de la pénétration du marché étranger en y exportant et en établissant même son propre réseau de vente. Pour Dunning, si la firme ne possède qu'un avantage spécifique, elle effectue alors une vente de licence auprès d'une entreprise locale et lui laissera le soin d'exploiter le marché de son pays.

Tableau 5.2
Paradigme OLI et modes de pénétration des marchés étrangers

	Avantages		
	O	L	I
Mode de pénétration des marchés étrangers			
Investissement direct	+	+	+
Exportation	+	–	+
Licence	+	–	–

Source : J. H. Dunning, 1988, *op. cit.*

◆ L'influence des variables structurelles sur la formation des avantages OLI

Les variables OLI vont être influencées par les caractéristiques structurelles des pays, des secteurs et de la firme. Bien que chaque avantage soit plus précisément relié à l'un des niveaux d'analyse (O : industrie, L : pays, I : firme), les interactions peuvent être nombreuses.

Ainsi, les *politiques gouvernementales* pourront favoriser l'avantage spécifique (politique de protection des innovations, dépenses publiques en R&D, commande de l'État...), l'avantage à l'internalisation (taxation, intervention sur les marchés augmentant le coût de transaction) ou la localisation (aides aux investissements étrangers, établissement de zone franche...). La nation en tant que telle influencera aussi ces variables; par exemple, la quantité disponible de travailleurs hautement qualifiés rendra plus probable l'émergence d'innovations...

De même, la *firme* influencera la variable O par sa propre politique d'innovations (dépenses en R&D), sa taille... Elle influencera également la variable L par l'aptitude de ses dirigeants à saisir des opportunités de délocalisation et à les mener à bien, et la variable I par sa capacité à organiser son internalisation.

Enfin, l'*industrie* interviendra sur les trois variables, par exemple sur O du fait de la nature des produits et des processus de production et des innovations s'y rattachant, sur L par la nature des inputs nécessaires et leur répartition plus ou moins fixe dans le monde, et sur I par les coûts de transaction spécifiques aux marchés de l'industrie en question.

Tableau 5.3
Influences des variables structurelles sur les avantages à la multinationalisation

	Pays	Industrie	Firme
O	Dotation de facteur Taille et caractéristiques du marché Politiques gouvernementales en matière d'innovation, de concurr., d'investiss. étrangers	Technologie des produits Différenciation des produits Économies d'échelle Accès aux inputs Nature des innovations	Taille Politique de diversification Politique d'innovation, R&D Comportement de risque
L	Distance géographique et psychique entre les marchés Protectionnisme Politique gouvernementale pour IDE Politiques sectorielles	Localisation des ressources Coûts de transport Protectionnisme spécifique Nature de la concurrence Nature de l'industrie à localisation libre ou non	Stratégie d'implantation Expériences d'IDE Position dans le cycle du pdt Organisation centralisée ou décentralisée Goût pour le risque Aptitude des managers
I	Différences de structures des marchés national et étrangers Infrastructures du pays hôte Politique gouvernementale en faveur de l'internalisation	Besoin de contrôler l'approvisionnement Possibilité d'arrangements contractuels	Modes d'organisation et de contrôle Aptitude à la croissance et à l'intégration ou à organiser la sous-traitance, licence...

Source : J. H. Dunning, 1988, *op. cit.*

◆ Les applications

Les applications empiriques de la théorie éclectique sont multiples. Les experts de l'ONU ont récemment (1988) adopté cette démarche pour expliquer l'expansion de la multinationalisation dans le secteur des services.

Par exemple, les avantages à la multinationalisation du secteur des banques commerciales et des services financiers sont résumés dans le tableau 5.4. On y retrouve les déterminants classiques de la multinationalisation dans les produits manufacturés, plus quelques déterminants spécifiques comme la valeur intrinsèque de certaines monnaies de réserve, le contrôle du réseau international de communication, l'importance de l'arbitrage international sur devises, le besoin de contact avec la clientèle…

Tableau 5.4
Avantages à la multinationalisation dans le secteur des banques commerciales et des services financiers

O	L	I
1. Accès à la clientèle internationale 2. Expertise professionnelle 3. Accès aux marchés de capitaux et financiers internationaux 4. Économies d'échelle et de gamme* 5. Valeur intrinsèque de certaines monnaies de réserve 6. Contrôle sur les réseaux internationaux de communication par ordinateurs	1. Nécessité du contact direct avec la clientèle 2. Régulations gouvernementales 3. Activités de haute valeur centralisées sur certaines places financières 4. Coût plus faible des opérations à l'étranger	1. Contrôle de qualité 2. Économies de gamme* 3. Économies de coordination des flux de capitaux 4. Importance des arbitrages internationaux

Source : ONU, *Les firmes transnationales et le développement mondial, Évolutions et perspectives*, N.Y., 1988.

* Les économies de gamme sont les économies réalisées lorsque la firme fabrique plusieurs produits appartenant à une même gamme et pouvant avoir un certain nombre d'investissements en commun.

B/ La dynamique de la théorie éclectique

◆ Le cycle de l'investissement international

Le paradigme OLI est ensuite appliqué à la dynamique de l'investissement international dans les différents pays. *Les pays connaissent un cycle des investissements entrants et sortants, en fonction de l'évolution des trois types d'avantages pour les firmes nationales susceptibles de se multinationaliser et pour les firmes multinationales étrangères susceptibles de s'implanter sur le territoire des pays concernés.*

Dunning trouve, pour une année donnée (1971) et en analysant une grande partie des pays du monde, des positions différentes pour chacun d'entre eux en fonction de leur propre développement économique et de la situation de la balance de leurs investissements entrants et sortants. Plus un pays est développé et plus ses firmes vont acquérir des avantages spécifiques et des avantages à s'internaliser, les pays étrangers représentant pour elles des sites où les coûts de production deviennent de plus en plus intéressants ; ses firmes vont alors se multinationaliser. A l'inverse, si le pays est moins développé, il n'aura pas de firmes nationales capables de se multinationaliser, mais, en revanche, les firmes étrangères seront tentés de se délocaliser sur son territoire, dans la mesure où elles peuvent exploiter des avantages à la localisation, liés notamment aux faibles coûts de main d'œuvre.

Ainsi, en fonction de la balance des investissements sortants et des investissements entrants ($K_x - K_m$), quatre phases peuvent être distinguées.

– *Phase 1.* Cette première phase caractérise les pays les moins avancés qui ne connaissent ni investissements entrants ni investissements sortants ($K_x - K_m = 0$, $K_x = K_m = 0$). Ils ne présentent pas d'avantage à la localisation, du fait de la trop grande faiblesse de leur structure économique, et ne possèdent aucune firme capable d'obtenir des avantages spécifiques et à l'internalisation.

– *Phase 2.* Cette deuxième phase caractérise les pays en développement et une partie des nouveaux pays industrialisés, qui sont plutôt des pays d'accueil des investissements internationaux avec une balance négative ($K_x - K_m < 0$). Ils présentent un avantage à la localisation pour les firmes multinationales des pays développés et n'ont pas encore pour leur propre firme d'avantage spécifique ou à l'internalisation.

– *Phase 3.* La troisième phase caractérise un renversement de situation : les pays d'accueil ont progressivement leurs propres multinationales, qui contribuent à inverser l'importance des flux entrants par rapport aux flux sortants. Les firmes locales détiennent progressivement de plus en plus les trois types d'avantages. Sont concernés ici la première vague de nouveaux pays industrialisés et certains pays développés. Les investissements sortants augmentent progressivement et les investissements entrants diminuent ; la balance $K_x - K_m$ devient progressivement nulle, indiquant ici des flux croisés importants ($K_x - K_m = 0$, $K_x = K_m > 0$).

Figure 5.1
Cycle des investissements internationaux
et niveaux de développement des pays

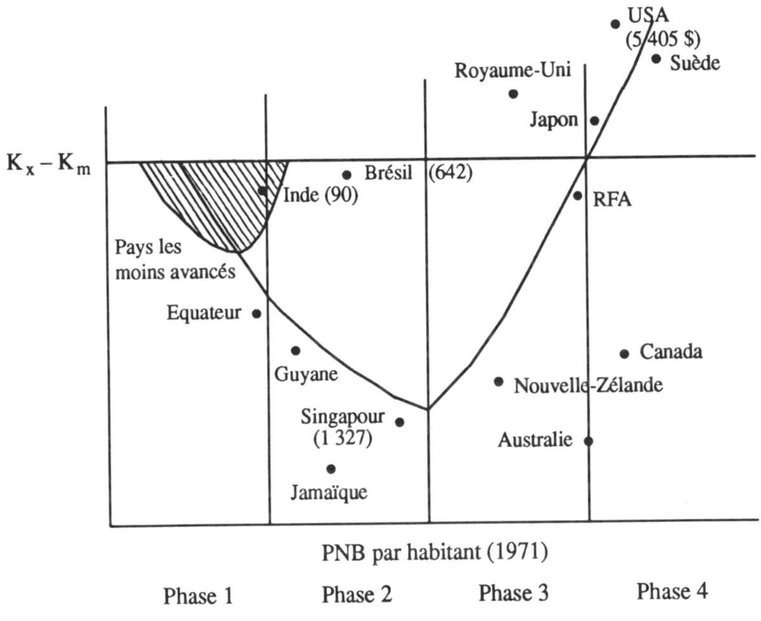

Source : J. H. DUNNING, 1988, *op. cit.*

– *Phase 4*. La dernière phase représente la situation des pays très développés qui sont essentiellement des pays investisseurs ($K_x - K_m > 0$) ; leurs firmes nationales possèdent les trois avantages. Les firmes des pays d'accueil, malgré une forte propension à internaliser les marchés visant à réduire au maximum les coûts et à faire face à la concurrence, effectuent de moins en moins d'investissements extérieurs du fait de l'affaiblissement de leurs avantages spécifiques et du désavantage à se localiser dans un pays où les coûts sont élevés.

Tableau 5.5
Cycle des investissements et avantages à la multinationalisation pour les firmes nationales et étrangères

	Investissements entrants firme étrangère			Investissements sortants firme nationale		
	O	L	I	O	L	I
Phase I	+	– –	+ +	– –	– –	– –
Phase II	+ +	– +	+ –	–	– +	–
Phase III	+	+ –	– +	– +	– +	– +
Phase IV	+ –	+ –	+ +	+	+ +	+

Source : adapté de J. H. DUNNING, « Explaining the International Direct Investment Position of Countries : Toward a Dynamic or Developmental Approach », *Welwirtschafliches Archiv*, n° 1, 1981.
– + : croissant, + – : déclinant, + + : très fort, + : fort, – : faible, – – : très faible.

◆ Évolution de la position des États-Unis et nouvelles formes d'investissement

Dans le cadre du paradigme OLI, le renversement de la position des États-Unis (devenus le premier pays d'accueil des investissements internationaux) malgré leur développement économique, peut s'expliquer en considérant l'évolution de deux types d'avantages :

– un affaiblissement des avantages spécifiques des firmes américaines face aux firmes européennes et japonaises, provoqué par le rattrapage technologique du Japon et de l'Europe ;

– une réapparition des avantages à la délocalisation aux États-Unis, engendrée par la baisse des coûts relatifs d'implantation liée en grande partie à la baisse du dollar face à la montée du yen et d'une partie des monnaies européennes, et à l'accroissement de la protection vis-à-vis des importations. En termes de délocalisation, ces deux éléments ont rendu plus accessible le marché américain qui reste un des premiers du monde.

De la même manière, Dunning explique la montée des nouvelles formes d'investissements internationaux, et particulièrement des coopérations internationales entre firmes, par l'évolution des variables macroéconomiques des pays. Ces variables ont trait aux dotations et aux structures des marchés, et aux politiques économiques. Si les firmes coopèrent de plus en plus entre elles, c'est que leur niveau technologique se ressemble progressivement (les firmes des pays intermédiaires rattrapent celles des pays dominants), les structures des marchés s'améliorent avec les niveaux de développement (diminuant ainsi les incitations à l'internalisation) et, enfin, les politiques des gouvernements favorisent de plus en plus les participations conjointes entre firmes étrangères et entreprises locales.

II - APPROCHE SYNTHÉTIQUE DE LA FIRME MULTINATIONALE

Peu à peu, il semble que les analyses sur les déterminants des investissements à l'étranger se focalisent, d'une part, sur la firme et son aptitude à créer ou profiter des différents avantages déjà analysés, d'autre part, sur les différents modes de pénétration des marchés étrangers comme des solutions substituables les unes aux autres. Pour essayer de construire un schéma général des déterminants de la délocalisation, il faut alors rétablir les trois niveaux d'analyse, de façon plus distincte que ce qui est fait dans la théorie éclectique, et percevoir les méthodes de pénétration en termes de complémentarité dans le cadre d'une firme multiproduits ou simplement avec un processus de production qu'elle peut décomposer et dont elle peut internationaliser les différents niveaux selon différentes méthodes.

A/ Avantage compétitif et avantage comparatif

◆ La nature des deux types d'avantages

Les avantages spécifiques sont à rapprocher de la notion plus générale d'*avantages compétitifs* des firmes qui, selon M. Porter (*L'avantage concurrentiel*, InterEditions, 1988), peuvent provenir de deux sources : celles qui réduisent les coûts de production (innovations technologiques ou coûts des facteurs de production) et celles qui permettent la différenciation des produits (marques, publicité, concurrence monopolistique).

Les avantages à la localisation doivent, pour leur part, être englobés dans les *avantages comparatifs* des pays, élargis pour prendre en compte non seulement les coûts comparés mais également les avantages comparés des tailles et des dynamiques des demandes nationale et étrangère.

◆ La combinaison des deux avantages

La firme offre des produits et demande des facteurs de production pour les fabriquer. Pour rester compétitive, elle doit acquérir ces facteurs au coût le plus faible. Le pays offre des facteurs de production grâce à ses dotations de facteurs et à leur productivité (quantité et qualité des facteurs), il demande également des produits par l'intermédiaire des consommateurs.

> *C'est la* concordance *ou la* discordance *entre les avantages compétitifs de firmes et les avantages comparatifs de pays qui va inciter la firme à exporter ou à se délocaliser.*

(J.-L. Mucchielli, *Les firmes multinationales – mutations et perspectives*, Paris, Economica, 1985.)

Le tableau 5.6 reprend les situations praticables dans lesquelles la firme locale est soit pleinement compétitive (+ et +), soit non compétitive (– et –).

L'investissement direct peut avoir lieu d'abord lorsqu'il y a des situations de discordance totale (les deux signes de l'avantage compétitif de la firme sont alors l'inverse de ceux de l'avantage comparatif du pays). C'est le cas pour les situations 2 et 5. Dans le premier cas, la firme nationale investit à l'étranger, dans la mesure où elle y trouvera à la fois des facteurs de production moins coûteux et des débouchés plus importants pour ses produits. Le second cas est l'inverse du premier : c'est la firme étrangère qui investit dans le pays national.

Deux autres situations peuvent engendrer des investissements : ce sont les cas 3 et 7. Dans le premier, la firme nationale va chercher des facteurs de production à l'étranger pour revenir ensuite exploiter son propre marché intérieur : c'est une délocalisation pour réimportation. Le cas 7 est l'inverse du précédent : une firme étrangère s'implante sur le territoire national pour réexporter sa production vers son propre marché.

Les cas 4 et 6 sont des situations de commerce international, exportations ou importations, et les cas 1 et 8 sont des cas où les productions ne sont ni exportées ni délocalisées mais élaborées et écoulées sur place.

Tableau 5.6
Concordance et discordance entre les avantages compétitifs des firmes et les avantages comparatifs des pays

Mode de pénétration	Avantages compétitifs		Avantages comparatifs du pays d'origine	
	Demande de facteurs	Offre de produits	Offre de facteurs	Demande de produits
1. PNale/Vte Nale	+	+	+	+
2. IDE sortant	+	+	–	–
3. IDE sortant/ReImport.	+	+	–	+
4. Export	+	+	+	–
5. IDE entrant	–	–	+	+
6. Import	–	–	–	+
7. IDE entrant/ReExport	–	–	+	–
8. P.étr./Vte étrangère	–	–	–	–

Source : J.-L. MUCCHIELLI, « Alliance stratégique et firmes multinationales, une nouvelle théorie pour de nouvelles formes de multinationalisation », *Revue d'économie industrielle*, n° 1, 1991.

IDE : investissement direct à l'étranger ; P. étr. : production étrangère ; PNale : production nationale ; Vte : vente.

◆ Décomposition de la production et discordance partielle

La discordance ou concordance entre les deux types d'avantages n'existe pas obligatoirement tout au long du processus de production. Dans la mesure où le produit est décomposable et où les caractéristiques des composants sont différentes, chaque composant aura une situation particulière.

Ainsi, l'exemple de la figure 5.2 en page suivante correspond globalement au cas 3 du schéma général. Les firmes européennes, si elles veulent rester compétitives dans le textile, doivent se délocaliser : ce produit banalisé est intensif en main d'œuvre peu qualifiée et leurs pays d'origine ne possèdent plus ce facteur en abondance. Cependant, la part la plus importante de la demande se trouvant dans leurs pays, cette production délocalisée devra être réimportée.

Tous les stades du processus productif ne présentent pas la même intensité en main d'œuvre peu qualifiée. La phase intermédiaire de l'impression est plus intensive en savoir-faire (travail qualifié) et en capital technologique (machines spécialisées) ; de même, la collection, le marketing et la commercialisation sont des phases ultimes du processus nécessitant un savoir-faire (marketing) et la proximité immédiate des acheteurs et des marchés. Ces deux phases seront élaborées dans le pays d'origine de la CEE et les autres dans les pays du Maghreb, avec deux « aller et retour » puisque le stade de la confection, qui correspond à l'assemblage, est lui aussi, comme les deux premiers stades (filature et tissage), intensif en main d'œuvre peu qualifiée.

Figure 5.2
Délocalisation partielle dans le textile européen et concordance / discordance des avantages compétitifs et comparatifs
(unité 100 = production uniquement dans la CEE)

	CEE (1)	CEE av. déloc. partielle dans le Mahgreb (2)	Taïwan / Hong Kong (3)
Filature	13	11	8
Tissage	10	8	5
Impression	22	+ 1	20
Confection	35	+ 1 16	20
Collection Marketing Commercialisation	20	+ 1	+ 2 30
Coût total	**100**	**80**	**85**

Source : Boston Consulting Group, *Les mécanismes de la compétitivité dans les industries du textile et de l'habillement de la CEE,* mars 1984.
(1) Coût d'un produit totalement fabriqué dans la CEE = 100.
(2) Coût avec délocalisation partielle dans le Maghreb = 80.
(3) Coût d'un produit totalement fabriqué en Asie puis vendu dans la CEE = 85.
N.B. - Les "+" représentent les coûts de transport.

Cette stratégie de délocalisation le long du processus productif permet alors de rester compétitif face au textile en provenance des pays d'Asie du Sud-Est (le coût total de la production de textile s'élève en effet dans ce cas à 80, contre 85 dans les pays dAsie du Sud-Est). Elle ne pourra pas cependant être considérée comme définitive, chaque stade de la production pouvant connaître des évolutions et nécessiter, éventuellement, une relocalisation partielle dans le pays d'origine ou ailleurs.

B/ Avantages stratégiques et stratégie de pénétration

L'analyse synthétique, dans un premier temps, met en relation les pays et la firme. Comme les analyses précédentes l'ont montré, le secteur joue également un rôle important. Dans la mesure où le secteur met en relation les firmes entre elles, cela va davantage influencer les modes d'implantation à l'étranger que l'implantation elle-même. C'est alors les différentes formes (exportations, investissements, licence ou alliance) qui doivent être analysées, avec un regard tout particulier sur les nouvelles formes d'investissement international, et notamment les coopérations ou *alliances stratégiques* entre firmes.

◆ Comportements stratégiques et technologie

Les études empiriques indiquent qu'une grande partie des accords contractuels (70 %) prennent la forme d'accord sur les mêmes stades de production entre les plus grandes firmes (exemples : R&D et R&D, production-production, etc.). Cette situation tendrait à démontrer que la plupart des accords sont réalisés dans le but de réduire la compétition. Celle-ci devient alors un jeu séquentiel entre plusieurs firmes, jeu dans lequel les nouvelles formes d'organisation, l'ouverture de nouveaux marchés, les nouveaux produits et procédés... détruisent ou déstabilisent les anciens équilibres et modifient les règles (cf. A. JACQUEMIN, *International and Multinational Strategic Behaviour,* Kyklos, 1989).

En fait, le concept d'avantage compétitif est à considérer en termes relatifs. Il dépend de la manière dont les concurrents réagissent à l'avantage compétitif de la firme leader. Les stratégies de coopération/concurrence, dans un environnement où les frontières des secteurs, des groupes et des firmes sont mouvantes, prennent la forme de courses entre les différents concurrents. Ces *courses stratégiques* peuvent être observées pour la R&D, la production, le marketing et l'adoption de normes techniques tout le long du processus de production.

◆ Importance des stratégies de coopération en matière de recherche et développement

Dans les industries intensives en technologie, la compétition au niveau de la R&D va être cruciale. Cela explique pourquoi la course stratégique est examinée en relation avec la R&D. En pratique, c'est aussi l'un des principaux domaines de comportements stratégiques, *via* les accords de coopération.

P. Mariti et R. H. Smiley (cf. tableau 5.7) ont étudié tous les accords explicites de long terme passés entre les firmes et reportés dans la presse financière durant l'année 1980 ; ils ont également interviewé les firmes qui ont participé activement à ces accords. La forme principale de coopération est la *joint venture* (55 %), c'est-à-dire un partenariat entre deux firmes. Les industries les plus dynamiques dans l'établissement de ces accords sont l'industrie électrique et électronique, les télécommunications, la chimie, l'automobile et le raffinage. La principale motivation est technologique, et elle est liée à des transferts ou des complémentarités technologiques.

Des résultats semblables ont été trouvés par P. Ghemawat, M. Porter et R. Rawlinson (« Patterns of International Coalition Activity », in M. PORTER [ed.], *Competition in Global Industries,* Harvard Business School Press, 1986). Étudiant 1 144 coalitions relatées dans le *Wall Street Journal* entre 1970 et 1982, ils ont observé que le pourcentage de coalitions dans la chimie, l'informatique et les autres produits électroniques très intensifs en technologie, avait fortement augmenté durant la période. En ce qui concerne les formes de la coopération, les plus fréquentes sont la *joint venture* (41 %), la licence (16 %) et l'accord de fourniture (12 %).

Tableau 5.7
Motivations dans un échantillon de 70 accords de coopération internationale
(1980, en pourcentage)

	%
Motivation	
Transfert de technologie	29
Complémentarité technologique	41
Accord de marketing	21
Économies d'échelle	16
Partage de risque	14
Formes d'accords contractuels	
*Joint venture**	55
Consortium**	29
Autres	16

Source : MARITI, SMILEY, « Cooperative Agreements and the Organization of Industry », *Journal of Industrial Economics,* juin 1983.
* Mise en commun d'une filiale.
** Groupement d'intérêt entre plusieurs firmes indépendantes (exemple : Airbus).

Tous ces éléments soulignent l'importance stratégique du domaine de la R&D. Le montant de R&D d'une firme va être fonction du poids de deux forces :

– l'importance du profit potentiel escompté, lié à l'investissement initial dans la R&D et aux innovations trouvées,

– l'importance de la « menace compétitive », reflétée par la différence entre les profits potentiels de la firme si celle-ci innove la première, et les profits effectifs si une des firmes rivales innove d'abord. La firme participe ainsi à une *course stratégique* qui a pour but d'innover avant les firmes rivales.

L'importance relative de ces deux forces explique la stratégie de R&D de la firme et le résultat de la course stratégique. La même analyse peut être faite pour les autres étapes de la production et de la vente. Une course existe jusqu'à ce que la firme réussisse à mettre la première le produit sur le marché, cherchant ainsi à prendre rapidement une part de marché importante et à imposer ses propres normes techniques.

◆ Dynamique de la rivalité dans les domaines stratégiques

La rivalité en R&D peut revêtir un caractère dynamique. Le processus de recherche et développement est alors caractérisé par deux niveaux d'égale difficulté, d'abord la recherche et ensuite le développement. Il existe des motivations diverses pour les différentes formes de coopération ou de compétition, à ces différents niveaux de la course technologique.

Parmi les différentes stratégies, les firmes peuvent établir des accords pour les étapes de départ de la recherche, et ensuite se concurrencer sans coopération dans les phases de développement de la recherche qui doivent engendrer le produit lui-même. La raison de ce comportement tient à ce que l'étape de recherche fondamentale est plutôt de type « bien public », alors que les étapes suivantes concernent l'acquisition d'un avantage spécifique.

◆ Les alliances stratégiques

Les firmes peuvent avoir le choix entre des stratégies coopératives ou non coopératives. Dans le dernier cas, les firmes peuvent obtenir un avantage qu'elles ne pourraient pas acquérir dans le cadre de stratégies non coopératives, en particulier dans le domaine de la R&D.

Les alliances stratégiques entre deux firmes doivent cependant susciter des *gains spécifiques d'alliance* pour être recherchées et crédibles. Plus généralement, la R&D effectuée dans le cadre d'une *joint venture* tend à accroître les profits joints escomptés des participants à la course au brevet pour deux raisons : d'une part, les dépenses liées aux rivalités entre firmes sont éliminées lors du premier stade du programme de recherche, et d'autre part, l'accès aux résultats intermédiaires de la recherche est assuré aux deux firmes.

Ainsi, la *collusion peut permettre à la firme d'obtenir plusieurs types de bénéfices* :

– *des économies d'échelle* ou d'apprentissage, puisque l'activité est concentrée en un seul centre servant les deux firmes, ce qui permet d'atteindre une taille minimale pour des investissements efficients en R&D et d'éviter les programmes identiques au niveau de la recherche ;

– *un accès à la connaissance,* ou la possibilité de mettre en route une activité dans laquelle il existe une complémentarité entre deux firmes et où des seuils d'efficacité empêchent les firmes trop petites d'entrer dans des activités de R&D;

– *une réduction du risque,* notamment par sa mise en commun ;

– *une modification de la concurrence,* dans la mesure où les coalitions influencent les bases de la compétition dans le secteur.

Quelques effets stratégiques doivent être ajoutés. Un accord de coopération peut être utilisé par une firme dominante en R&D comme moyen de coopter des rivaux potentiels hautement innovateurs, afin d'éviter une lutte destructrice, de coordonner et de contrôler un éventuel ralentissement de la course technologique. Cela peut être le cas pour des firmes qui, ayant une large part de marché et des profits élevés sur des produits courants, n'auraient rien à gagner à un rythme trop rapide dans les innovations.

– 6 –

Effets et formes du protectionnisme

Le protectionnisme est mis en place par un Etat qui veut réduire ses importations en provenance de l'étranger, et notamment celles qui concernent des biens particuliers dont l'afflux peut porter préjudice aux producteurs nationaux. Avant d'analyser pourquoi les pays prennent des mesures protectionnistes (problèmes des déterminants, voir chapitre 7), il faut étudier quels sont les effets attendus de ces mesures, et quelles sont les différentes mesures qui peuvent être prises pour atteindre cet objectif principal de réduction des importations.

Le protectionnisme peut être décomposé en deux formes distinctes :

– le *tarif douanier est un protectionnisme par les prix* ; il consiste, en taxant les importations, à en augmenter directement le prix sur le territoire national (I) ;

– le *protectionnisme non tarifaire revêt le plus souvent la forme de restrictions quantitatives* ; il se traduit aussi par de nombreuses taxations ou subventions, en général indirectes (II).

Ces deux formes seront successivement analysées et leurs effets seront comparés.

I - ANALYSE DES EFFETS DU TARIF DOUANIER

A/ Les effets du tarif douanier nominal

◆ La situation du petit pays

Ici, le pays est considéré comme un petit pays, c'est-à-dire qu'il ne peut pas influencer les prix internationaux qui lui sont donnés par le marché mondial. La figure 6.1 représente l'équilibre sur le marché d'un produit, en fonction de diverses situations possibles : l'autarcie, le libre-échange et la protection douanière.

Figure 6.1
Effets du tarif douanier

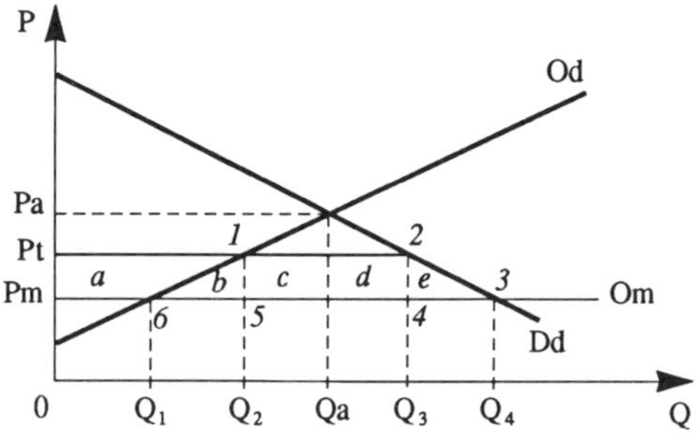

– En *autarcie,* la demande domestique est uniquement satisfaite par l'offre nationale (Od), le prix d'équilibre autarcique est alors égal à Pa et les quantités vendues et consommées sont égales à OQa.

– En *libre-échange,* l'offre mondiale (Om) est représentée par une droite horizontale, dont l'ordonnée représente le prix mondial Pm. A ce prix, l'offre mondiale est infiniment grande par rapport à la demande nationale du petit pays. Au prix Pm, la quantité consommée du produit par les consommateurs nationaux est égale à OQ_4, la quantité importée est égale à Q_1Q_4 et celle produite par les producteurs nationaux est égale à OQ_1.

– Si le pays veut réduire les importations, il peut alors appliquer un *tarif douanier* sur ses importations; ce tarif peut être *ad valorem,* il prend la forme d'une taxe représentant un certain pourcentage de la valeur déclarée du produit. Avec Pm le prix mondial du produit avant le tarif, la taxe douanière sera égale à : t . Pm (t étant le taux du tarif, soit un pourcentage du prix), le prix après tarif Pt est ainsi égal à : Pm + t . Pm = Pm (1 + t). Le prix Pt est plus élevé que le prix mondial de libre-échange. A ce nouveau prix, cinq effets sont mis en évidence.

◆ Les cinq effets du tarif douanier

Ces effets sont les suivants :

– Un *effet sur la consommation* : la consommation domestique du produit baisse de Q_3Q_4, soit la distance de *3* à *4*.

– Un *effet sur la production* : la production domestique augmente de Q_1Q_2, soit la distance de *6* à *5*.

– Un *effet sur les importations* : les importations décroissent d'un montant égal à la somme des deux effets précédents, soit $Q_1Q_2 + Q_3Q_4$, tel que le nouveau montant d'importations $Q_2Q_3 = Q_1Q_4 - (Q_1Q_2 + Q_3Q_4)$ = la distance de *5* à *4*.

– Un *effet de recette fiscale* : le tarif représente un revenu fiscal pour le gouvernement du pays importateur. La valeur de ce revenu est obtenue en multipliant la valeur absolue du tarif par unité de produit et le nombre de quantités importées, soit : $t \times Q_2Q_3$ = le rectangle *c*.

– Un *effet de redistribution du revenu* : dans la mesure où le prix a augmenté, il y a une redistribution des consommateurs vers les producteurs, les premiers « subventionnant » en quelque sorte les seconds. Cette subvention à la production domestique est égale à la différence de prix avant et après tarif, Pt – Pm, multipliée par la quantité OQ_2 produite par les producteurs nationaux après tarif, soit la distance (Pm.*5*).

La subvention totale est égale à la surface délimitée par les points (Pt.*1*.*5*.Pm); elle est appelée l'*équivalent-subvention du tarif douanier*. Si le gouvernement voulait obtenir le même effet sur la production (produire OQ_2 au prix Pm et non pas Pt) sans imposer un tarif douanier, c'est ce montant de subvention qu'il devrait verser aux producteurs nationaux.

De la même manière, on peut considérer que les consommateurs sont taxés d'un montant égal au revenu douanier, (*c* + *d*). On définit ainsi un *équivalent-taxe à la consommation,* qui réduit la consommation d'un montant égal à la réduction entraînée par le tarif, et amène un revenu fiscal égal à (Pt.*2*.*4*.Pm), représentant la somme de l'équivalent subvention (Pt.*1*.*5*.Pm) et du revenu tarifaire (*1*.*2*.*4*.*5* = surface *c* + *d*).

Le tarif a alors le même effet qu'une taxe à la consommation, qui servirait en partie à subventionner les producteurs et en partie à accroître le revenu fiscal de l'État.

◆ Le coût du tarif douanier : la perte sèche

Le calcul de la perte sèche du tarif douanier passe par la prise en compte de l'évolution du surplus du consommateur et du surplus du producteur.

Le surplus du consommateur mesure le montant du gain réalisé par celui-ci lorsqu'il achète un produit à un certain prix, par rapport au prix qu'il aurait accepté de payer pour se procurer ce même bien.

Sur la figure 6.2.*(a)*, si le produit vaut 9 F, le consommateur consomme 11 unités de ce bien, mais à 10 F, il en aurait consommé 10 unités; il gagne donc un surplus de 1 F sur la dixième unité qu'il acquiert en fait à 9 F. De même, il aurait consommé 9 unités à 11 F; il gagne donc un surplus de 2 F sur la neuvième unité qu'il acquiert à 9 F, etc.

En généralisant, si P_2 est le prix le plus haut associé à la quantité demandée Q_2, et P_1 le prix le plus bas associé à Q_1, le surplus est situé en dessous

Figure 6.2
Surplus du consommateur et du producteur

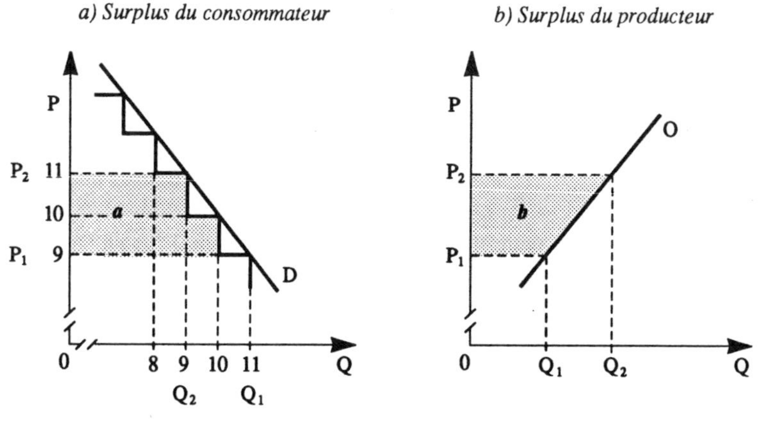

de la courbe de demande, entre les deux prix. Il est représenté par la surface *a*. Si le prix baisse, il y a un gain de surplus ; si le prix monte, il y a une perte.

La situation est inverse pour le producteur (figure 6.2.*(b)*). Si le prix du marché monte, il peut vendre plus cher des unités de produit qu'il aurait vendu moins cher autrement ; il fait donc un gain de surplus. Si le prix baisse, il vendra moins cher des unités qu'il aurait pu vendre plus cher, et fait alors une perte de surplus. Ce surplus est représenté par la surface *b*, située au-dessus de la courbe d'offre et délimitée par les deux prix extrêmes.

Sur la figure 6.1, la perte totale liée au tarif est représentée par la perte du surplus du consommateur, soit l'ensemble de la surface $a + b + c + e$ située au-dessous de la droite de demande. Les gains sont liés à la recette fiscale (surface *c*), ainsi qu'au gain du surplus des producteurs (surface *a*).

> *Les gains d'un tarif douanier ne recouvrent pas les perte. Il y a une perte sèche liée à l'inefficience des producteurs (qui produisent plus sans être plus compétitifs) et au fait que les consommateurs achètent moins et plus cher.*

Sur la figure 6.1, cette perte sèche est égale aux triangles *b* et *e*.

◆ L'effet du tarif douanier sur les termes de l'échange pour un grand pays

La demande nationale d'un grand pays peut influencer le prix mondial dès lors qu'elle représente une partie importante de la demande mondiale. Ainsi, une baisse de la demande nationale engendrée par la mise en place d'un tarif va faire baisser le prix mondial du produit considéré. Celui-ci sera alors importé au nouveau prix mondial, plus bas que le précédent, et sera vendu après tarif douanier à un prix plus élevé sur le marché national. Le tarif va avoir dans ces conditions un effet d'amélioration des termes de l'échange du pays importateur (dans la mesure où le prix international est moins élevé après le tarif qu'avant).

Le gain des termes de l'échange peut même être supérieur à la perte sèche du tarif douanier. La situation globale du pays importateur sera alors meilleure après le tarif qu'avant et certains pays auront tendance à rechercher une sorte de *tarif optimal qui maximiserait ce gain net* entre termes de l'échange et perte sèche.

Soulignons cependant que le gain des termes de l'échange est acquis par le pays importateur au détriment du pays exportateur, cette redistribution internationale du revenu n'aboutit par conséquent à aucun effet net mondial.

B/ La protection effective

◆ Protection effective et biens intermédiaires

La fabrication d'un produit final (par exemple, des magnétoscopes) nécessite non seulement l'utilisation de facteurs de production (travail et machines), mais aussi celle de produits intermédiaires indispensables pour la production et provenant soit de la même industrie (électronique), soit d'autres industries : sidérurgie (acier, tôle), chimie (plastique), etc. Le prix du produit final, diminué du prix (coût) de ces produits intermédiaires, représente la valeur ajoutée qui servira notamment à rémunérer les facteurs de production.

Si le pays importe des produits finis comme des produits intermédiaires, il n'est pas indifférent de connaître l'impact des tarifs douaniers appliqués à ces deux types d'importations.

◆ Exemple du taux de protection effective

En considérant le produit final et un produit intermédiaire, trois types de protection peuvent exister :

– Les inputs comme le produit final connaissent le *même taux de protection*. Il n'y a pas d'impact sur la valeur ajoutée. Soit, par exemple, un magnétoscope de 5 000 F et des produits intermédiaires (circuits électroniques) de 2 000 F ; la valeur ajoutée est de 3 000 F. Si les importations de magnétoscopes et de circuits électroniques connaissent un tarif douanier de 20 %, les prix sur le marché national deviennent respectivement de 6 000 F et de 2 400 F. La valeur ajoutée est maintenant égale à 3 600 F ; elle a donc connu une augmentation de 20 %.

– Si les *importations d'inputs sont plus fortement taxées* que celles de produits finis, le poids de la valeur ajoutée va diminuer. Soit, par exemple, un tarif de 10 % sur les magnétoscopes (le prix passe de 5 000 à 5 500 F) et un tarif de 20 % sur les circuits (le prix s'établit à 2 400 F). La valeur ajoutée est maintenant de 3 100 F ; son poids dans le prix total passe de 60 % à 56,36 %.

– Si les *importations d'inputs sont libres ou moins taxées* que les importations de produits finis, le poids de la valeur ajoutée va augmenter. Soit un tarif de 20 % sur les magnétoscopes et de 10 % sur l'acier. Le prix des magnétoscopes devient égal à 6 000 F, mais celui des circuits électroniques s'établit à 2 200 F. La valeur ajoutée est alors de 3 800 F ; elle a augmenté de 26,66 %, son poids dans le prix total est passé de 60 % à 63,33 %.

Les producteurs de magnétoscopes et les détenteurs de facteurs de production dans le pays (travail, capital) tirent donc avantage de cette situation. Elle engendre une protection effective sur les magnétoscopes supérieure à la protection nominale. En effet, la fabrication de magnétoscopes n'est pas réellement protégée de 20 %, mais de 26,66 %.

Ce résultat de la protection effective se calcule par l'intermédiaire des différences de valeurs ajoutées, soit :

T = (v' – v) / v, ce qui donne ici : (3 800 – 3 000) / 3 000 = 26,66 %,

avec T : taux de protection effective, v : valeur ajoutée avant protection, v' : valeur ajoutée après protection.

◆ Définition et évaluation de la protection effective

> *Le taux de protection effective se définit comme le pourcentage d'augmentation de la valeur ajoutée du secteur, par unité de produit, qui est dû à l'ensemble des barrières tarifaires mises en place par le pays.*

Il sera plus élevé que le taux nominal si les inputs sont moins fortement taxés que les produits finis, et moins élevé dans le cas contraire.

La situation dans laquelle le taux de protection effective est plus élevé que le taux nominal est la plus courante dans les pays développés. Elle défavorise les pays en voie de développement ; dans la mesure où elle gêne considérablement leurs exportations de produits finis vers les pays développés, elle tend à les maintenir dans leurs spécialisations de produits peu porteurs de valeur ajoutée.

L'abaissement des taux de protection effective sur les produits finis a fait partie des revendications des pays en voie de développement lors des différentes négociations internationales sur les tarifs, notamment lors du Tokyo Round (1973-1979) [cf. chapitre 7] ; mais les taux moyens de protection par nature des produits après ces négociations indiquent que les produits primaires et semi-manufacturés sont toujours moins taxés que les produits manufacturés finis.

Le tableau 6.1 en page suivante donne les évaluations des taux nominaux de protection et des taux effectifs pour la CEE en 1980. Des écarts importants sont constatés, allant jusqu'à 8 % pour les chaussures. De fortes différences entre les deux taux existent également pour les vêtements, les produits sidérurgiques, les meubles, les boissons, etc.

Tableau 6.1
Taux de protection nominaux (TPN)
et taux de protection effectifs (TPE) pour la CEE
(1980, en pourcentage)

Produits	TPN	TPE	Produits	TPN	TPE
Agriculture	4,9	4,1	Produits minéraux non métal.	3,6	6,5
Aliments, boissons...	10	17,8	Verre et produits en verre	7,7	12,2
Textiles	7,2	8,8	Fer et acier	4,7	11,6
Vêtements	13,4	19,4	Métaux non ferreux	2,1	8,3
Produits en cuir	2	– 2,2	Produits métalliques	5,5	7
Meubles	5,6	11,3	Machines non électriques	4,4	4,7
Papier et produits en papier	5,4	8,3	Machines électriques	7,9	10,8
Livres et publications	2,6	– 1	Voitures et transport	7,9	12,3
Produits chimiques	7,9	11,7	Produits manufacturés divers	4,7	6,5
Pétrole et dérivés	1,7	3,4	Chaussures	11,6	20
Produits en caoutchouc	3,5	2,3	Produits en bois	2,5	1,7

Source : A. Deardoff, R. Stern, « The Effects of Tokyo Round on the Structure of Protection », in R. Baldwin, A. O. Krueger (ed.), *The Structure and Evolution of US Trade Policy*, University of Chicago Press, 1984.

II - ANALYSE THÉORIQUE DU NOUVEAU PROTECTIONNISME

Depuis les années 1970, de nouvelles formes de protection apparaissent ou réapparaissent. Ces protections sont essentiellement quantitatives (quota par exemple), et elles ont tendance à se substituer ou à s'additionner aux tarifs douaniers. Après une analyse des effets de ces formes de protection, on comparera les conséquences du tarif douanier et du quota.

A/ Le quota

◆ Les effets du quota

Le quota représente la restriction quantitative la plus connue. Il consiste à *n'accepter, en termes de volume ou de valeur, qu'un certain montant d'importations.*

La figure 6.3 prend en compte les effets d'un quota pour un petit pays (c'est-à-dire dont la demande intérieure n'influence pas les prix internationaux, par exemple la France) qui contingente les téléviseurs étrangers sur son territoire de la façon suivante : le Japon n'est autorisé à exporter vers la France que 84 000 téléviseurs par an, et la Corée 50 000. La droite Od représente l'offre domestique des producteurs français de télévisions et la droite Dd la demande domestique des consommateurs français ; le prix mondial est représenté par Pm ; il est plus faible que le prix autarcique (sans aucune importation), qui se situe en Pa.

Dans des conditions de libre-échange, la demande de téléviseurs au prix Pm serait de OQ_2 et la France en importerait une quantité Q_1Q_2, les producteurs nationaux en vendant eux-mêmes une quantité OQ_1.

L'adoption d'un quota vis-à-vis des téléviseurs étrangers signifie que sur le marché domestique, l'offre disponible sera celle des producteurs nationaux, à laquelle viendra s'ajouter le quota (qui, par hypothèse, est ici égal à la quantité Q_1Q_3). La nouvelle offre globale de téléviseurs sur le marché français est alors représentée par la droite Od + quota, qui est plus à droite que Od. Le prix d'équilibre s'établit alors en *Pq*, qui est plus élevé que le prix mondial de libre-échange Pm.

Figure 6.3
Les effets du quota

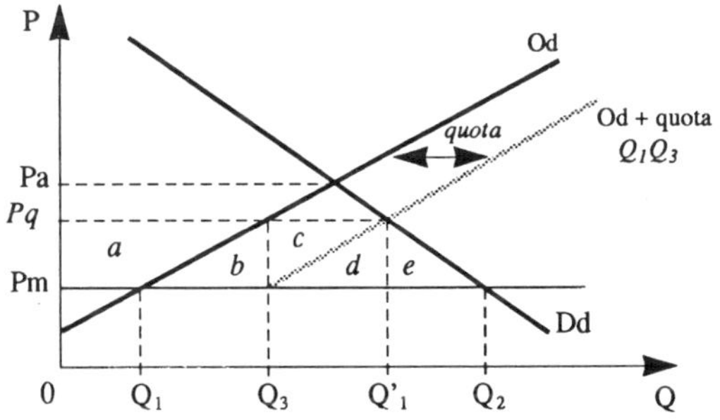

A ce nouveau prix, les consommateurs ne consomment plus que OQ'_1 téléviseurs, dont $Q_3Q'_1$ (égal au quota Q_3Q_1) proviennent de l'étranger et OQ_3 sont fournis par les producteurs nationaux. On constate qu'un tarif douanier qui ferait passer le prix de Pm à *Pq,* aurait sur les importations, la production nationale et la consommation le même effet que le quota.

L'imposition du quota, en augmentant le prix des téléviseurs, réduit le surplus du consommateur d'un montant égal aux surfaces $a + b + c + d + e$. Les producteurs nationaux, quant à eux, gagnent un surplus supplémentaire égal à la surface *a*. Les surfaces des triangles *b* et *e* représentent la perte sèche comme dans le cas du tarif douanier.

La différence première avec le tarif tient dans le *revenu financier de la protection* : ici, la surface $c + d$. Ce revenu a toutes les chances d'être accaparé par les importateurs dans la mesure où ils vendent la quantité Q_1Q_3 au prix *Pq* et non plus au prix Pm. Il représente la *rente de quota.* Elle s'effectue sous la forme d'une redistribution des consommateurs vers les exportateurs étrangers. La plupart des études réalisées, en particulier aux États-Unis, indiquent bien que la rente de quota est récupérée en général par les firmes étrangères et, parfois, par les importateurs nationaux qui distribuent le produit faisant l'objet de restrictions quantitatives (voir tableau 6.3).

Pour essayer de s'approprier cette rente, l'État peut mettre en vente des licences d'importation, qu'il accorde aux pays exportateurs faisant l'objet de quota(s). Si l'on suppose qu'il y a une concurrence entre les demandeurs de licences, l'État peut alors mettre aux enchères les licences et les vendre au plus offrant. Mais ce système d'enchères ne peut plus tenir lorsqu'il y a un monopole ou une cartellisation des pays exportateurs. On se retrouve alors dans une situation de monopole bilatéral (État importateur-État exportateur) qui peut engendrer un profit de monopole pour les exportateurs étrangers. C'est pourquoi ce système de licence est très peu utilisé, d'autant plus qu'il peut exposer l'administration du pays importateur à un trafic d'influence mené par les firmes exportatrices étrangères désireuses d'obtenir les licences.

◆ La non-équivalence entre le tarif et le quota en dynamique

En dehors de cette différence d'appropriation de la recette fiscale de la protection, tarif et quota vont apparaître comme ayant souvent des effets différents. C'est le cas dans deux situations :

- lorsque la dynamique de la demande est prise en compte,
- lorsqu'il y a imperfection sur les marchés.

• *Dynamique de la demande*

Pour juger de la première différence, il suffit de considérer une augmentation de la demande nationale du produit considéré, liée par exemple à une augmentation du pouvoir d'achat ou à un changement de goût.

Sur la figure 6.4, le prix *Pq* correspond à celui du quota ou au prix résultant d'un tarif douanier équivalent du quota ; les importations sont alors égales à Q_1Q_2.

Figure 6.4
Dynamique de la demande et différence tarif-quota

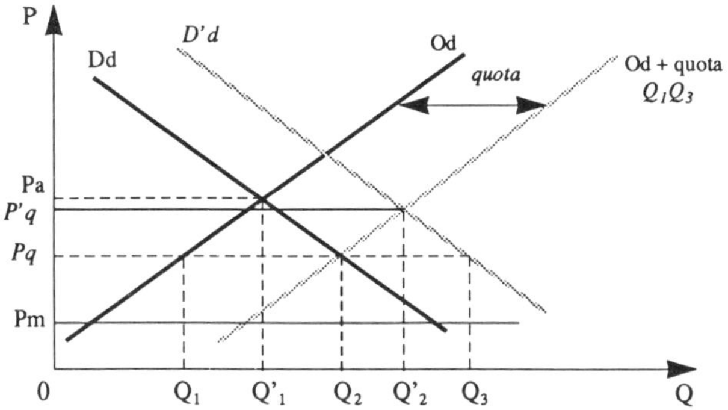

L'augmentation générale de la demande du produit s'exprime par un glissement de la droite de demande, qui devient *D'd*.

Si l'on considère *Pq* comme un prix après tarif douanier, ce prix *Pq* ne change pas lors de l'augmentation de la demande, ce sont les importations qui augmentent jusqu'en Q_3 et deviennent égales à Q_1Q_3. En revanche, dans le cas du quota, quelle que soit l'évolution de la demande, le quota reste le même. L'intersection de la droite d'offre avec quota (Od + quota) et de celle de la nouvelle demande *(D'd)* établit un nouveau prix *P'q* supérieur à *Pq*. La quantité importée n'a pas bougé, du fait du quota, mais la pression de la demande a fait augmenter le prix de ce produit.

Ainsi, lors d'un accroissement de la demande du produit contingenté, le quota fait augmenter son prix sur le territoire national (à quantité fixe, l'ajustement se réalise par les prix) ; le tarif douanier permet des importations supérieures, avec le même niveau de prix après tarif (l'ajustement se réalise par les quantités grâce à l'augmentation des importations).

- ***La concurrence imparfaite***

La seconde différence entre un tarif et un quota tient aux situations de concurrence imparfaite ; c'est le cas en particulier lorsqu'un producteur national (ou quelques-uns) tente d'exercer un pouvoir de monopole (ou de cartel, comme par exemple, dans l'industrie automobile).

En libre-échange, la menace de la concurrence étrangère et des importations empêche le monopoleur national de profiter de sa position potentielle. Obligé de se comporter comme dans une situation de concurrence, il doit se conformer au prix mondial, Pm. Dans le cas d'un tarif douanier, le monopoleur peut augmenter son prix jusqu'au prix avec tarif (Pt) ainsi que ses quantités vendues, mais il est encore bridé par la concurrence étrangère, dans la mesure où il ne peut pas vendre au-dessus du prix avec tarif douanier.

En revanche, la situation de quota va transformer le monopole potentiel en monopole effectif. Avant que le quota ne soit complètement écoulé, le monopole national est concurrencé et le prix intérieur s'établit au prix domestique avec quota (soit *Pq*).

> *Une fois le quota écoulé, le producteur national retrouve une situation totale de monopole à laquelle va être confrontée la demande résiduelle des consommateurs. Il pourra alors élever son prix et/ou vendre des produits de moins bonne qualité sans craindre la concurrence étrangère.*

Ainsi, *en termes d'efficacité économique, le quota est une solution plus mauvaise que celle qu'on obtient avec le tarif douanier.*

B/ Les autres formes du nouveau protectionnisme

◆ Les restrictions quantitatives aux exportations

Les restrictions volontaires aux exportations (RVE) peuvent apparaître comme une variante des quotas. Une RVE est un quota *adopté par le pays étranger exportateur* au lieu de l'être par le pays importateur.

Cette solution peut être imposée par le pays importateur lui-même (par la persuasion ou bien par la menace de représailles), qui souhaite éviter de prendre directement des mesures de restriction pouvant être interdites par le GATT (voir chapitre 7). Les résultats sont les mêmes que ceux déjà étudiés dans le cas du quota, à ceci près que dans le cas de la RVE, la rente de quota est automatiquement accaparée par le pays étranger exportateur puisque c'est lui-même qui s'autolimite (cf. tableau 6.2).

Tableau 6.2
Estimation des rentes liées à certaines restrictions d'importations adoptées par les États-Unis (en millions de dollars US)

Produits	Année	Rente estimée	Récipiendaire
Textiles et vêtements*	1986	4 000	Exportateurs
Automobiles*	1984	2 200	Exportateurs
Acier*	1984	2 000	Exportateurs
Sucre	1984	410	Exportateurs
Produits laitiers	1983	250	Importateurs
Viande*	1983	135	Exportateurs
Aciers spéciaux	1984	50	Exportateurs
Télévisions couleur*	1982	150	Exportateurs
Chaussures*	1981	250	Exportateurs

Les produits marqués d'un astérisque (*) font l'objet de restrictions volontaires aux exportations, les autres font l'objet de quotas.
Source : G. HUFBAUER, D. T. BERLINER, K. A. ELLIOT, *Trade Protection in the United States : 31 Case Studies*, Institute for International Economics, Washington D. C., 1986.

Les politiques de restrictions volontaires sont très nombreuses actuellement. Les plus célèbres sont peut-être les RVE sur les voitures japonaises vers la France (3 % du marché) ou vers les États-Unis (environ 1,8 million de voitures par an). Des accords multilatéraux existent également (par exemple les accords multifibres, aboutissant à des restrictions volontaires des exportations de 22 pays exportateurs de textile [cf. chapitre 7]).

Les exportateurs de matières premières, ou de produits stratégiques, peuvent aussi essayer de se constituer en cartel international, afin de limiter eux-mêmes leurs exportations et de profiter ainsi de leur position de monopole, pour vendre moins mais à des prix plus élevés. Le commerce international est riche en tentatives de cartellisation, la plus célèbre étant celle des pays de l'OPEP.

◆ Subventions et dumping

Les subventions à la production peuvent apparaître comme une solution de remplacement du tarif douanier, dans la mesure où ce tarif est levé en vue de protéger la production nationale du bien considéré. La subvention vise à modifier le prix auquel vont avoir à faire face les producteurs nationaux, sans modifier celui auquel vont être confrontés les consommateurs.

Sur la figure 6.5, la subvention (qui peut être vue comme une taxe négative) fait glisser la droite d'offre nationale de Od en *O'd*. Pour chaque quantité vendue, grâce à la subvention (égale à Pm – Ps, c'est-à-dire, sur le graphique, à la distance Pm . Ps) versée par l'État, la firme reçoit un prix supérieur au prix que le consommateur doit payer.

Figure 6.5
Subvention à la production et importations

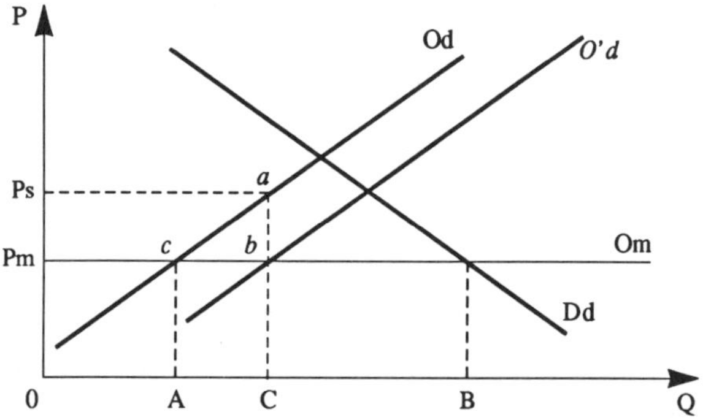

Au prix subventionné Ps, les producteurs nationaux peuvent maintenant offrir OC, et non OA. Les consommateurs continuent de payer Pm par unité de produit, et les producteurs sont payés Ps : OPm (prix payé par les consommateurs) + subvention (distance entre Pm et Ps). La subvention versée par l'État est égale à la surface Pm*ba*Ps ; cette subvention entraîne une baisse des importations égale à AC. La perte sèche de la subvention, due à l'inefficience des producteurs, est égale à *cba* mais, contrairement au tarif, il n'y a pas de perte sèche du côté des consommateurs car ils achètent toujours au prix mondial Pm.

> *En termes d'efficacité, la subvention peut être classée devant le tarif. En effet, elle n'entraîne qu'une seule distorsion, sur la production, alors que le tarif en engendre deux : une sur la production et une autre sur la consommation.*

Cependant, la subvention est souvent utilisée conjointement à un tarif, la taxe douanière sur un produit servant alors à subventionner ce même produit fabriqué nationalement. Cette politique peut s'insérer dans une stratégie de substitution aux importations. Les États ont également la possibilité de pratiquer la subvention à la production des exportations. L'objectif est alors d'encourager les secteurs dans lesquels il y a déjà des exportations et qui ont de ce fait, des avantages comparatifs.

Le dumping décrit la pratique qui consiste à *vendre un produit moins cher à l'étranger que sur son propre territoire*. Les firmes peuvent ainsi récupérer, sur leur territoire national, les pertes qu'elles feraient éventuellement en vendant à faible prix à l'extérieur. La subvention aux exportations peut être interprétée comme un dumping, qui est une mesure interdite par les règles du GATT en tant que concurrence déloyale (voir chapitre 7). Les États-Unis accusent périodiquement l'Europe de pratiquer le dumping, notamment à travers les aides en faveur de certains secteurs comme la sidérurgie, l'agriculture, l'aéronautique, etc. Le Japon a également souvent été accusé de pratiquer le dumping et a parfois été condamné, notamment pour les produits informatiques.

III - L'UNION DOUANIÈRE

L'*union douanière,* telle qu'elle est définie par J. Viner (*The Customs Union Issue*, New York, 1950), doit remplir les conditions suivantes :

– une complète *élimination des tarifs douaniers entre les membres* de l'union ;

– l'établissement d'un *tarif douanier uniforme sur les importations* en provenance des *pays extérieurs* à l'union ;

– une redistribution concertée des revenus douaniers entre les pays membres.

L'union douanière est une forme d'intégration économique entre plusieurs États ; en fonction du degré d'intégration, cinq formes de collaboration économique peuvent être distinguées : l'association, la zone de libre-échange, l'union douanière, le marché commun et l'union économique. La Communauté économique européenne, en vertu de l'article 9 du traité de Rome (1957), est une union douanière qui tente de devenir un marché commun et une union économique.

A/ Les effets d'une union douanière

L'union douanière modifie les courants d'échanges internationaux en créant des liens privilégiés entre certains partenaires. Ces modifications sont analysées en distinguant des effets de *création d'échanges,* des effets de *détournement d'échanges* et, enfin, des *effets globaux*. Les effets de création représentent une amélioration de l'allocation des ressources et les effets de détournement représentent, au contraire, une détérioration de cette allocation.

◆ Les effets de création de trafic

La figure 6.7 reprend la situation d'un pays A, par exemple l'Angleterre, qui importe un produit (le beurre) d'un pays Z, la Nouvelle-Zélande, qui le propose à un moindre prix P_Z que le pays F, la France, qui le propose elle-même à P_F. L'application d'un tarif douanier général amène le prix domestique de ce produit à P_Ft et P_Zt. Au prix P_Ft, la France ne peut pas vendre de beurre à l'Angleterre.

Supposons alors que l'Angleterre établisse une union douanière avec la Nouvelle-Zélande. Pour l'Angleterre, le prix du beurre importé de Nouvelle-Zélande descend immédiatement au niveau de P_Z, la consommation s'accroît de CD, la production domestique baisse de AB et les importations en provenance de Nouvelle-Zélande augmentent de AB et CD.

Figure 6.6
Union douanière et effet de création de trafic

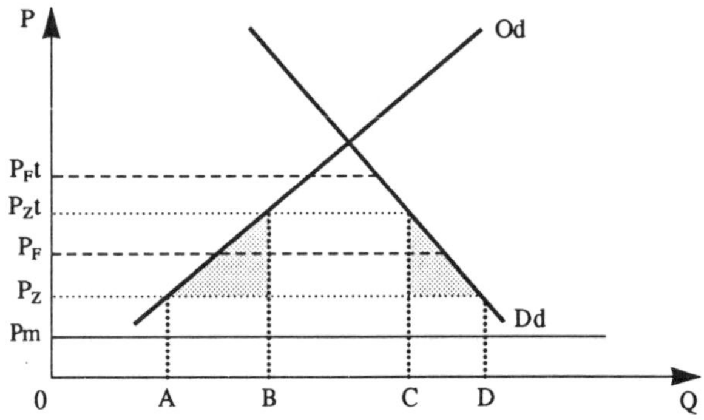

Les triangles grisés représentent exactement ce qui avait été une perte sèche lors de l'application du tarif douanier. Ils indiquent donc maintenant, dans le cas d'une union douanière entre l'Angleterre et la Nouvelle-Zélande, une *création pure* de commerce.

L'union douanière représente une amélioration de bien-être par rapport à la protection, dans la mesure où les facteurs de production sont mieux alloués en fonction des avantages comparatifs respectifs. Mais, en situation de concurrence, cette situation est moins efficiente que celle du libre-échange (Pm, le prix mondial, est en effet inférieur au prix P_Z).

◆ L'effet de détournement de trafic

Le détournement de trafic intervient dans une situation où l'Angleterre importe initialement le beurre de Nouvelle-Zélande, qui offre le prix le plus bas, mais est supposée maintenant former une union douanière avec la France, qui produit le beurre à un prix entre le prix autarcique anglais et le prix de la Nouvelle-Zélande.

Dans ce cas, avant union et après tarif, le prix est P_Zt, la consommation est OC, la production domestique OB et les importations BC.

Le prix après l'union douanière descend en P_F, entraînant un gain de création d'échange déjà décrit dans le cas précédent et égal aux deux triangles grisés.

Figure 6.7
Union douanière et effet de détournement de trafic

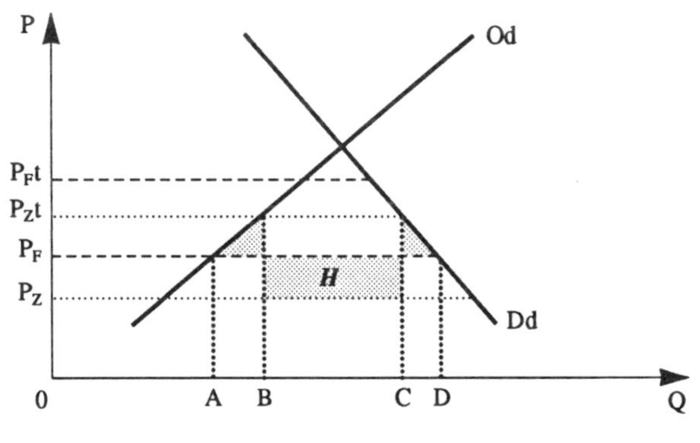

Cependant, ici, la source d'approvisionnement entre les deux partenaires n'est pas celle qui offre le plus faible prix. Il y a alors un *détournement* de trafic du producteur le plus efficace des deux (la Nouvelle-Zélande) vers la France, qui appartient à l'union. Les biens importés BC sont payés P_F au lieu de P_Z. Ce détournement est représenté sur la figure par le rectangle grisé *H*, qui figure une perte de bien-être pour l'Angleterre (et pour l'ensemble du monde), qui s'approvisionne auprès d'un partenaire qui n'est pas le plus efficient.

Cette situation fut courante dans le cadre de la constitution du Marché commun, notamment pour les produits agricoles, dans la mesure où ces derniers ont en général un prix plus élevé au sein de la Communauté que sur le marché mondial. L'Angleterre a effectivement dû s'approvisionner dans la CEE, après son adhésion, c'est-à-dire à des prix plus élevés que ceux pratiqués par ses principaux fournisseurs avant son entrée dans l'Union. Le Portugal et l'Espagne connaissent les mêmes problèmes depuis leur entrée dans le Marché commun.

◆ L'effet des termes de l'échange

Si les pays membres de l'union sont de grands pays susceptibles d'influencer les prix internationaux, ou si des pays se groupent en zones suffisamment importantes pour influencer ces prix, la protection sur certains produits peut avoir pour résultat d'améliorer les termes de l'échange pour les pays de l'union. C'est le cas, par exemple, pour un certain nombre de produits importés par la CEE, notamment des produits protégés par la politique agricole commune : leur protection engendre une augmentation de la production européenne qui peut peser sur les prix internationaux et rendre ainsi moins chères qu'auparavant les importations résiduelles de la CEE en provenance du reste du monde. Au résultat précédent pourra alors s'ajouter un gain des termes de l'échange.

◆ Effets de consommation et effets globaux de l'union douanière

L'analyse précédente ne considère que les effets de l'union douanière sur la *production*; pour évaluer correctement les impacts de la formation d'une union douanière, il faut également considérer les effets sur la *consommation,* qui correspondent aussi à des effets de création et de détournement.

Il y a deux effets de consommation :

– Le premier est entraîné par le fait que les consommateurs nationaux vont substituer à des produits domestiques des produits moins chers, en provenance du partenaire de l'union ; ainsi, leur surplus augmente.

– Le second effet est engendré par le fait que les agents nationaux consomment des produits en provenance de ce partenaire de l'union, aux dépens de produits identiques provenant du reste du monde et qui, moins chers, ne sont plus compétitifs à cause de la barrière douanière commune à l'union ; ainsi, leur surplus baisse.

Si l'on ajoute les effets sur la consommation aux effets sur la production, on obtient les effets globaux de création et de détournement qui peuvent être globalement positifs ou négatifs.

Des analyses précédentes, plusieurs conclusions générales peuvent être tirées. Ainsi, une union douanière sera d'autant plus susceptible de fournir des effets bénéfiques que les conditions suivantes seront remplies :

– Il faut qu'existe un *fort degré de complémentarité* entre les pays partenaires : chaque pays de l'union pourra d'autant mieux se spécialiser dans les produits pour lesquels il a un avantage comparatif, et en faire profiter les autres membres ; il y aura alors plus de création de commerce que de détournement.

– Plus les *tarifs initiaux* entre les pays participant à l'union seront *hauts* et plus les gains de création seront élevés.

– Plus le *tarif douanier commun* vis-à-vis du reste du monde sera *bas* et plus les détournements de trafic seront faibles.

– *Plus l'union douanière comportera de membres* et plus il y aura de création de trafic par rapport au détournement, car on s'approchera alors du libre-échange.

B/ Le grand marché européen de 1993 et les économies d'échelle

◆ Les enjeux du grand marché européen

Des travaux récents ont été effectués pour estimer les gains liés à l'abaissement des barrières entre les pays membres à l'horizon de 1993 (« 1992 : la nouvelle économie européenne », *Économie européenne,* mars 1988, rapport Ceccini).

La baisse des prix consécutive à l'élimination des barrières devrait représenter 2 à 3 % du PIB de la Communauté, et l'accroissement global du bien-être ou du revenu réel serait compris entre 66 et 82 milliards d'écus aux prix de 1985.

Dans le cadre d'une concurrence internationale imparfaite, les phénomènes estimés ici ont souvent été reliés à deux explications :

– l'accroissement de la concurrence engendré par le grand marché et notamment par la libre circulation des capitaux et le libre établissement des entreprises,

– les économies d'échelle.

◆ Les gains du grand marché européen : restructuration et augmentation de la production

Certains auteurs, tentant d'évaluer les économies d'échelle engendrées par l'intégration économique, ont notamment cherché à analyser les incidences de la réalisation du marché unique européen en 1992.

Des économies d'échelle importantes pourraient résulter des restructurations engendrées par l'accroissement de la concurrence au sein de la CEE.

La mesure de l'ensemble des gains liés aux effets de taille et de concurrence indique que ceux-ci seront d'autant plus forts que les conditions suivantes se rencontreront *avant* le grand marché :

– des *barrières à l'échange élevées,* permettant la survie d'entreprises peu efficaces ;

– des *secteurs concentrés* favorisant l'existence de *rente de monopole* ;

– un *potentiel d'économies d'échelle* important.

Dans le cadre du grand marché, les économies d'échelle calculées pour l'ensemble de la Communauté atteindraient 60,3 milliards d'écus (économies d'échelle dues à une *augmentation de la production* : 3,9 milliards d'écus ; économies d'échelle dues à des *restructurations* : 56,4 milliards d'écus).

Si l'on ajoute à ces économies d'échelle les effets liés à un renforcement de la concurrence, les gains économiques de l'approfondissement du Marché commun s'établissent entre 82 et 142 milliards d'écus, ce qui représente 2,8 à 4,8 % du PNB des neuf premiers États membres.

– 7 –

Déterminants des politiques commerciales : protectionnisme ou libre-échange ?

Les politiques commerciales ont toujours oscillé entre des situations un peu plus libérales ou des situations un peu plus protectionnistes. Comme on l'a vu dans le premier chapitre, la période suivant la Seconde Guerre mondiale a été nettement dominée par une phase de libéralisation des échanges, réalisée sous l'impulsion des États-Unis et sous l'égide du GATT. Cette libéralisation a coïncidé avec une formidable expansion du commerce mondial, ainsi que de la croissance économique. Cependant, cette structure libre-échangiste du commerce mondial s'est érodée et, depuis 1974, on a pu assister à une nouvelle montée du protectionnisme, ainsi qu'à un ralentissement du commerce international.

La compréhension de ces différents phénomènes nécessite que l'on examine l'organisation des échanges internationaux durant cette période de relatif libre-échange (I), ainsi que les raisons qui peuvent pousser les pays ou les producteurs à demander et à mettre en place des barrières protectionnistes (II).

I - DOCTRINE LIBRE-ÉCHANGISTE ET ORGANISATION MONDIALE DES ÉCHANGES

A/ Le GATT et l'organisation du libre-échange

Après la Seconde Guerre mondiale, les alliés, et en particulier les États-Unis, ont voulu, au travers d'accords commerciaux, atteindre un triple objectif :

– créer un cadre ordonné pour assurer les relations commerciales internationales ;
– établir un code de règles de conduite rendant plus dissuasives les actions unilatérales de restriction des échanges ;
– fournir une structure pour éliminer progressivement les barrières commerciales.

La motivation fondamentale était d'éviter à tout prix une répétition de la situation des années 1930, pendant lesquelles le commerce mondial s'était extraordinairement réduit, aggravant ainsi la crise mondiale. Cette volonté peut se résumer en un mot d'ordre : organiser le retour au libre-échange. C'est sous ces auspices que le GATT prit naissance.

◆ La naissance du GATT

Dans le domaine financier, la signature des accords de Bretton Woods (1944) et la création du Fonds monétaire international, complétée par celle de la Banque mondiale (BIRD), permettaient d'assurer les bases d'un nouvel ordre monétaire international.

Tout restait à faire sur le plan du commerce international. Déjà, en 1934, les États-Unis avaient adopté un acte d'expansion commerciale *(US Trade Agreement Act)* pour tenter d'effacer les effets néfastes du traité de 1930 *(Hawley-Smoot Tariff)* qui avait largement augmenté les tarifs douaniers. Ce nouvel acte d'expansion permettait au Président des États-Unis de négocier bilatéralement des réductions tarifaires. En 1945, le Congrès américain renouvela cet accord et les États-Unis invitèrent alors de nombreuses nations à négocier avec eux afin d'établir un accord multilatéral de réduction mutuelle des tarifs douaniers. La même année, la nouvelle Organisation des Nations Unies fut formée sur les cendres de la Société des Nations et, en février 1946, un de ses éléments, le Conseil économique et social (ECOSOC) adopta, à sa première réunion, une résolution pour que soit ouverte une conférence en vue d'adopter la charte d'une Organisation du commerce international (ITO : *International Trade Organization*). Après la réunion d'un comité préparatoire en octobre 1946 à Londres, une première assemblée eut lieu à Genève d'avril à novembre 1947. La réunion de Genève comprenait trois grands sujets de négociation : la préparation de la charte de l'ITO, les négociations pour un accord général de réductions tarifaires multilatérales, la mise au point de clauses générales sur les obligations en termes de mesures tarifaires. Ces deux derniers points constituaient ce que l'on appela le GATT, *« General Agreement on Tariffs and Trade »* (accord général sur les tarifs et le commerce).

Une conférence à La Havane, de novembre 1947 à mars 1948, compléta la charte de l'ITO, mais celle-ci ne fut jamais adoptée par le Congrès américain. La commission intérimaire créée en vue de former l'ITO devint finalement le secrétariat du GATT, qui, en théorie, n'est pas une organisation internationale, mais simplement l'expression d'un accord international signé entre des parties co-contractantes que sont les pays. Vingt pays signèrent en 1948 un protocole d'accord sur les réductions tarifaires ; en 1989, 97 pays étaient signataires des accords du GATT.

◆ Les principes du GATT

L'accord du GATT comprend quatre grandes parties, concernant : les obligations de bases des parties contractantes, des exceptions à ces obligations, un ensemble d'amendements ajoutés au cours des années et, enfin, des articles ayant trait aux pays en voie de développement.

Dans cet accord, trois grands principes sont proclamés :

– *La non-discrimination entre partenaires commerciaux.* L'article I du GATT établit la *clause de la nation la plus favorisée* (NPF). C'est le principe le plus important de l'accord. Il assure un traitement identique dans les négociations commerciales quel que soit le partenaire. Si deux pays A et B se mettent d'accord pour réduire bilatéralement un tarif douanier ou une autre forme quelconque de protection, cette concession doit alors immédiatement être applicable aux autres nations. De la même façon, si des mesures restrictives sont prises par un pays en vue de sauvegarder son industrie nationale, ces mesures sont applicables à tous les partenaires, sans discrimination.

– *La réciprocité des concessions tarifaires.* Le principe de réciprocité stipule que le pays qui accepte une concession tarifaire doit également offrir une concession en retour (article XXVIII) ; les négociations doivent s'effectuer sur « la base d'avantages mutuels et réciproques ». L'objectif est d'éviter que des pays profitent des réductions tarifaires, et notamment de la clause de la nation la plus favorisée, sans eux-mêmes abaisser leurs tarifs. Cela doit permettre d'accélérer l'abaissement des entraves au commerce international.

– *La transparence des politiques commerciales.* L'article XI du GATT interdit l'utilisation du contrôle direct sur le commerce extérieur comme les restrictions quantitatives, celles-ci ayant un impact économique plus pervers que le tarif douanier.

Les *exceptions aux principes généraux* sont cependant importantes. Elles sont prévues pour chacun des principes définis précédemment. En effet, on reconnaît l'existence de contraintes de court terme pour les pays devant faire face à de profonds déséquilibres et la nécessité de protéger des industries domestiques sensibles.

– L'article XIX permet à un pays d'appliquer des restrictions aux échanges si les importations causent de sérieux dommages à sa production locale.

– De même, l'application des taxes de compensation est autorisée dans le cas où un partenaire effectuerait une action commerciale discriminante ou pratiquerait le dumping (article VI).

– L'exception la plus importante à la clause de la nation la plus favorisée est contenue dans l'article XXIV qui indique les règles pour l'établissement d'une zone de libre-échange ou d'une union douanière à l'intérieur de laquelle un traitement préférentiel peut être accordé aux partenaires de l'union.

– L'exception la plus importante à la règle de réciprocité concerne les pays en voie de développement. Les pays en voie de développement qui souscrivent aux accords du GATT peuvent bénéficier de la clause de la nation la plus favorisée sans pour autant être obligé de pratiquer le principe de réciprocité (partie IV ajoutée à l'accord général, adoptée en 1964 et entrée en vigueur en 1966).

– Enfin, il existe certaines exceptions à l'interdiction de pratiquer des restrictions quantitatives, notamment dans des cas de crise de la balance des paiements (article XII).

B/ Les négociations commerciales

Progressivement, le GATT est devenu un lieu de conciliation recueillant les plaintes des différents pays sur les violations de la charte de La Havane, ainsi qu'un lieu de négociations. Il a ainsi mis sur pied des négociations générales périodiques afin d'accélérer la libéralisation des échanges.

◆ Les grandes négociations commerciales

Huit cycles de négociations (dites « conférences tarifaires ») peuvent être discernés : Genève (1947, en parallèle avec les négociations sur l'accord général); Annecy (1948); Torquay (1950-1951); Genève (1955-1956); le « Dillon Round » (1961-1962, du nom du secrétaire d'État au commerce américain) à Genève; le « Kennedy Round » (1964-1967) à Genève; le « Tokyo Round » (1973-1979) à Genève; enfin, l'« Uruguay Round » (1986-1991) à Genève et Bruxelles.

- ***Les premières négociations***

Les premières négociations ont porté sur environ 45 000, puis 58 000 produits représentant à peu près la moitié du commerce mondial. L'objectif était d'harmoniser les protections douanières entre les participants. Cette harmonisation s'est finalement moins établie entre tous les pays qu'à l'intérieur de zones de libre-échange ou d'unions douanières comme la CEE (1957) et l'AELE (1959). De plus, les négociations ont eu tendance à faire baisser les tarifs douaniers sur les produits primaires et intermédiaires plus que sur les produits finis — ce phénomène a pour effet d'augmenter la protection effective sur les produits finis manufacturés.

- ***Le Kennedy Round (1964-1967)***

Lors du Kennedy Round, les participants se sont attachés à négocier une réduction linéaire de tous les tarifs douaniers. En vertu du *Trade Expansion Act* de 1962, le président Kennedy obtint d'importants pouvoirs de négociation. Son objectif fut alors d'effectuer une réduction linéaire de tous les tarifs douaniers d'au moins 50 %. Il proposa également un tarif nul sur les produits pour lesquels les États-Unis et l'Europe étaient les fournisseurs dominants.

Un accord intervint en 1967 sur une réduction des tarifs d'environ 36 à 39 %. Cette réduction concernait environ 75 % des produits échangés. Une certaine harmonisation fut également mise en place. Certains produits sont cependant peu touchés par ces réductions ; ce sont les produits agricoles, fortement protégés par chaque pays producteur, et certains produits industriels comme le textile, secteur sensible par excellence.

- ***Le Tokyo Round (1973-1979)***

Lors du Tokyo Round, les partenaires exprimèrent la volonté d'harmoniser les tarifs douaniers, et surtout de prendre en compte le protectionnisme non tarifaire, qui croissait de manière préoccupante. La réduction tarifaire réalisée est d'environ 33 à 38 %. Les pays ayant des tarifs en général plus élevés que les autres abaissèrent plus fortement leur protection. Le tableau 7.1 en page suivante indique l'importance des ces réductions tarifaires. Une fois encore, les protections sur les produits agricoles et sur les produits sensibles — produits textiles, cuir, chaussures — sont peu touchées par ces réductions.

Sur la question des barrières non tarifaires à l'échange, qui croissent de façon importante, rien ne semble pouvoir être fait dans l'immédiat.

Tableau 7.1
Réductions tarifaires obtenues lors du Tokyo Round, par pays et type de produits (moyenne pondérée)

	Avant Tokyo Round	Après Tokyo Round	% de réduction
Pays :			
États-Unis	6,2	4,4	30
CEE	6,6	4,8	27
Japon	5,2	2,6	49
Produits :			
Total produits	*7,2*	*4,9*	*33*
Matières premières	0,8	0,4	52
Produits semi-finis	5,8	4,1	30
Produits manufacturés	10,3	6,9	33

Sources : GATT, *The Tokyo Round of Multilateral Trade Negotiations*, Report by the Director General, Genève, 1979, p. 120 ; H. CORBET, « Importance of Being Earnest about Further Gatt Negotiations », *The World Economy*, 1979, III, pp.319-342.

◆ L'érosion du libre-échange et les limites de l'organisation internationale des échanges

Les négociations réalisées sous l'égide du GATT ont contribué avec succès à réduire les barrières douanières dans les échanges internationaux. A l'heure actuelle, près de la moitié des échanges de produits manufacturés sont exemptés de droit de douane ou taxés à moins de 5 %, tandis que les droits de douane supérieurs à 20 % n'affectent plus que 5 % des 34 000 positions statistiques recensées pour les produits industriels.

Cependant, deux phénomènes au moins ont, au contraire, fortement érodé le rôle du GATT dans l'organisation du commerce international : l'affaiblissement progressif des accords multilatéraux sous la clause de la nation la plus favorisée et la montée des barrières non tarifaires.

• *L'affaiblissement progressif des accords multilatéraux*

Le premier phénomène s'est traduit par la multiplication des accords bilatéraux allant à l'encontre notamment de la clause de la nation la plus favorisée : en 1985, on a pu établir que plus de 50 % du commerce international se réalisait en dehors de cette clause ; c'est le cas également pour plus de 80 % du commerce des pays de la CEE (tableau 7.2).

Tableau 7.2
Part des importations réalisées hors du cadre de la clause de la nation la plus favorisée (NPF) – 1985
(en milliards de dollars US)

	Total importations	Importations hors clause NPF	% hors clause NPF
CEE	664	535	81
États-Unis	362	36	10
Japon	131	8	6
AELE	110	92	88
Canada	81	8	10
Australie	24	3	13
Nouvelle-Zélande	6	1	17

Source : R. POMFRET, *Unequal Trade, the Economics of Discriminatory International Trade Policies,* Oxford, Basil Blackwell, 1988, p. 6.

Ce premier type d'exception est surtout lié aux relations avec les pays en voie de développement. En effet, en marge du GATT, la CNUCED (Conférence des Nations unies pour le commerce et le développement, créée en 1964 dans le cadre de l'ONU pour remédier aux insuffisances du GATT, mal adapté aux situations et aux besoins des pays en voie de développement) essaie de mettre en place un système de préférences tarifaires pour les produits exportés des pays en voie de développement vers les pays développés (SGP, système généralisé des préférences). En 1971, la CEE, le Japon et la Norvège adoptent un système de ce type. De nombreux pays développés suivent dans le courant des années 1970, notamment les États-Unis en 1976.

Le principe consiste à favoriser les exportations des pays en voie de développement vers les pays développés, en abolissant pratiquement tout droit de douane vis-à-vis d'eux sans demander de réciprocité et sans que cela soit inclus dans le cadre de la claude de la nation la plus favorisée. La préférence peut prendre alors la forme d'exemption totale (produits manufacturés) ou partielle (produits agricoles) de tarif douanier.

Cependant, cette situation privilégiée comporte de nombreuses exceptions. En effet, beaucoup de produits, considérés comme sensibles parce que concurrençant les productions locales des pays développés, sont exclus de ce type d'accord. C'est le cas, le plus souvent, du textile, des montres, de certains articles électroniques, des produits sidérurgiques, des chaussures et des articles en verre. Ces produits dits « sensibles » représentent, en 1981, 50 % des importations en provenance des pays en voie de développement et susceptibles d'appartenir au système généralisé de préférences.

Pour les produits déclarés sensibles en général, des quotas exemptés de tarif sont fixés, puis, au-delà de ce quota, un tarif douanier est à nouveau appliqué *(régime de quota tarifaire)* ; des régimes plus draconiens peuvent également être appliqués.

C'est dans ce cadre qu'ont été négociés les accords multifibres sur le textile entre les pays en voie de développement et les pays développés, limitant les exportations des premiers vers les seconds (décembre 1973, accords reconduits depuis). Pour les produits les plus sensibles et vis-à-vis des exportateurs les plus compétitifs, une norme dite de « butoir » est fixée, les empêchant de prendre plus d'une certaine part des importations du pays (en général 15 %).

Certains pays en voie de développement sont exclus du système généralisé des préférences, comme Taïwan pour la CEE ou les pays exportateurs de pétrole pour les États-Unis.

Ces nombreuses règles et exceptions ont tendance à limiter l'impact du SGP. Ainsi, en 1978, les États-Unis importaient 76 milliards de dollars de produits en provenance des pays en voie de développement, mais les importations exemptées de tarif douanier sous le régime du SGP ne représentaient que 5,2 milliards de dollars, soit 6,8 % du total ! Cette procédure a également contribué à accroître les accords bilatéraux et, ainsi, les inégalités de traitement entre partenaires.

Pour la CEE, la répartition des échanges réalisés en dehors du cadre de la clause de la nation la plus favorisée est la suivante : intra-CEE, 53 % ; AELE, 9 % ; pays méditerranéens, 4 % ; convention de Lomé, 3 % ; SGP, 7 % ; CAEM (Comecon) : 4 %. Si l'on considère la CEE comme un marché unique en y incorporant également les relations avec l'Espagne, la Grèce et le Portugal, plus de la moitié du commerce extra-CEE des pays de la Communauté ne répond pas à la clause de la nation la plus favorisée.

- ***La montée des barrières non tarifaires***

Malgré l'interdiction dans les accords du GATT de pratiquer des mesures de protection non tarifaire, celles-ci ont été largement utilisées ces dernières décennies et même préférées au tarif douanier. La résurgence de ce phénomène, connu sous le nom de « nouveau protectionnisme », date des années 1970.

En 1974, le rapport annuel du FMI sur les restrictions aux échanges notait pour la première fois une croissance nette de ce type de protection.

S. A. Page a estimé que le commerce mondial faisant l'objet de restrictions quantitatives était passé, globalement, de 40 % en 1974 à 48 % en 1980 et de 13 % à 23,5 % pour les produits manufacturés (« The Revival of Protectionism and its Consequences for Europe », *Journal of Common Market Studies,* septembre 1981). Les données du tableau 7.3 permettent d'indiquer que 18,6 % des marchés des pays développés sont concernés par les barrières non tarifaires, ce qui représente plus de 100 milliards de dollars d'échanges internationaux de produits agricoles et de produits manufacturés. La France, la Belgique, l'Australie et la Suisse (hors tableau) ont les niveaux de protection les plus élevés.

La protection non tarifaire sur les produits agricoles est très importante, et parmi les produits manufacturés sont principalement concernés : le textile, les voitures et la sidérurgie. Le Japon semble le pays le moins protectionniste, bien que de nombreux autres éléments — comme la préférence des Japonais pour leurs propres produits — puissent rendre son marché difficilement pénétrable.

Tableau 7.3
Pourcentage des produits concernés par les barrières non tarifaires (1983)

	Tous produits hors pétrole	Produits agricoles	Produits manuf.	Textiles	Chaussures	Acier	Voitures	Machines électriques
CEE	21,1	36,4	18,7	52	9,5	52,6	45,3	13,4
dont :								
France	28,1	37,8	27,4	48,4	6,6	73,9	42,9	41,7
RFA	18,3	22,3	18,5	57	9,7	53,5	52	6,8
G.-B.	17,5	34,9	14,8	59,6	12,2	42,1	44,3	12,7
États-Unis	17,3	24,2	17,1	57	11,5	37,7	34,2	5,2
Japon	16,9	42,9	7,7	11,8	34,1	0	0	0
Pays industr.	18,6	36,1	16,1	44,8	12,6	35,4	30,4	10

Source : J. J. Nogues, A. Olechowski, L. A. Winters, « The Extent of Non-Tariff Barriers to Industrial Countries' Imports », working paper, World Bank, 1985.

◆ Les négociations de l'Uruguay Round (1986-1994)

Une des principales missions des négociations actuelles est d'arriver à libéraliser les échanges internationaux qui sont encore les plus entravés par des protections souvent non tarifaires, à savoir l'agriculture et les services. C'est en septembre 1986, à Punta del Este (Uruguay), que cette nouvelle négociation internationale s'est mise en place ; ce cycle de négociation, entre 105 pays, devait s'achever fin 1990.

L'autre objectif était d'essayer de mieux insérer les pays en développement, qui composent maintenant la majeure partie des pays contractants, dans les échanges internationaux, en leur facilitant notamment l'accès aux marchés des pays développés et en révisant les accords de limitation de leurs exportations textiles tout en tentant d'obtenir d'eux un abaissement de leur propre niveau de protection (concerne notamment les nouveaux pays industrialisés).

D'âpres marchandages entre l'Europe, les États-Unis et les différents pays en voie de développement ont eu lieu tout au long de cette négociation. L'Europe, notamment, refusait d'affaiblir trop fortement sa protection agricole, et les pays en développement craignent la libéralisation des échanges de services dans lesquels les États-Unis semblent avoir de nombreux avantages comparatifs.

Malgré un grand retard sur le calendrier initial, les accords finaux du cycle de l'Uruguay Round entrent en vigueur le 1er janvier 1995. Ces accords, signés par 111 pays, aboutissent à une baisse sensible des droits de douane et autres protections non tarifaires, ainsi qu'à l'inclusion des produits agricoles, des textiles et des services dans le cadre général des accords du GATT. Ces accords prévoient également l'instauration d'une Organisation mondiale du Commerce (OMC) pour janvier 1995 ; cette organisation aura pour mission d'assurer des échanges mondiaux plus loyaux et plus équitables. Cependant, au lendemain de la signature de l'accord à Marrakech (avril 1994), la tâche qui incombe à l'OMC paraît titanesque. Quelques interrogations demeurent quant à sa capacité de mener à bien le programme qu'on lui a fixé. Outre la surveillance de l'application scrupuleuse des accords de l'Uruguay Round (démantèlement des barrières douanières, réductions des subventions agricoles, poursuite des négociations dans les services), l'OMC a de nouvelles compétences en matière d'environnement, de droits sociaux, de mouvements internationaux de main d'œuvre, etc.

◆ Les résultats de l'Uruguay Round

• *Résultats au niveau global*

Les résultats les plus marquants sont les suivants :

1/ Réduction de 38 % des droits de douane sur les marchandises importées par les pays développés (qui absorbent les deux tiers des importations mondiales, hors pétrole) ; ils sont ramenés de 6,3 % à 3,9 % en moyenne.

2/ Création de l'Organisation mondiale du Commerce (OMC). L'OMC devrait être dotée d'importants pouvoirs de décision. Cela devrait rendre plus difficile l'usage unilatéral des représailles commerciales. L'OMC doit également substituer aux cycles de négociations du GATT, des négociations permanentes entre les membres de l'organisation. Au sein de cette organisation prévaudra la règle du consensus et non plus celle d'une majorité avec pondération de droits de vote. Ce dispositif contient le risque d'entraîner de multiples blocages des décisions collectives.

En 1994, les accords de l'Uruguay Round n'étaient pas encore ratifiés par tous les parlements des différents pays. Dans l'Union européenne, un conflit de juridictions se présentait entre la Commission et le Parlement européen d'une part, et les États et parlements nationaux d'autre part.

• ***Résultats au niveau sectoriel***

Pour les produits industriels, les droits de douane sont réduits en moyenne de 40 %, souvent pour être ramenés à zéro au cours des quatre années qui suivront la mise en vigueur de l'acte final. Le secteur des produits agricoles est pour la première fois libéralisé à travers des engagements portant sur l'accès aux marchés, la réduction progressive des aides publiques à la production. Une réforme à long terme du commerce des produits agricoles est envisagée. En ce qui concerne les produits textiles, l'accord multi-fibres (AMF) de 1974 restreignant la liberté des échanges sera démantelé dans les dix prochaines années. Le texte prévoit néanmoins un mécanisme de sauvegarde transitoire permettant aux pays importateurs de se protéger en cas de menace de préjudice.

Les échanges de services sont couverts pour la première fois par les accords du GATT par des disciplines internationales qui doivent être toutefois complétées dans plusieurs secteurs : télécommunicationss, services financiers, transports maritimes, etc. L'accord sur la propriété intellectuelle couvre les brevets, les droits d'auteur, les droits d'interprétation et d'enregistrement, les marques et dessins et modèles, etc., afin de lutter contre la contrefaçon. Enfin, concernant les marchés publics, les parties s'engagent à respecter un certain nombre de procédures pour ouvrir leurs marchés publics à la concurrence.

◆ Des négociations spécifiques encore en suspens en 1994

Ces négociations en suspens concernent tout d'abord les services financiers, en raison de l'insuffisance des propositions ; les négociations, devant aboutir à une libéralisation, sont suspendues jusqu'à l'entrée en vigueur de l'OMC.

Pour l'aéronautique, il y a désaccord du fait du conflit entre Américains et Européens en matière de subventions publiques. En attendant de nouveaux codes sur les subventions et les mesures compensatoires, amendés pour l'aéronautique, l'accord bilatéral de 1992 continue à s'appliquer. Pour l'acier, les discussions se poursuivent pour aboutir à une discipline en matière de subventions, à l'élimination des barrières non tarifaires et à un système de règlement multilatéral spécifique. Dans les transports maritimes, la réticence de certains pays, notamment les États-Unis, à ouvrir davantage leur trafic de haute mer, n'a pas permis de conclure d'accord : les négociations se poursuivront jusqu'en juin 1996. Dans les transports aériens, devant l'impossibilité générale de s'entendre sur les droits de trafic aérien, la situation est gelée pour une période de cinq ans. Quant aux télécommunications, la libéralisation des communications de base fait l'objet d'un programme de travail qui se poursuivra jusqu'en avril 1996.

II - LES DÉTERMINANTS DES TENTATIONS PROTECTIONNISTES

La doctrine du GATT était fondée sur le libre-échange, considéré comme le moyen le plus sûr de faire profiter les pays de leurs avantages comparatifs respectifs. L'objectif était d'abaisser les prix mondiaux, de favoriser les spécialisations internationales dans ce que les pays savaient le mieux faire et d'accroître ainsi le niveau de vie mondial. Face à cela, les États ont souvent été tentés par la mise en place ou le maintien d'un certain protectionnisme. Pour justifier cette pratique, de nombreux arguments en faveur du protectionnisme ont été avancés et ont été défendus notamment par les producteurs et les administrations qui profitaient de cette protection.

A/ Les arguments en faveur du protectionnisme

◆ Les arguments de protection de l'économie nationale

- ***L'argument de l'industrie dans l'enfance***

Un pays va appliquer une protection lorsqu'il pense avoir un avantage comparatif potentiel dans une industrie, non encore bien établi du fait de la jeunesse de cette industrie, de son manque d'expérience, des faibles niveaux de fabrication (manque d'économies d'échelle). Durant l'« enfance » de l'industrie, il souhaite effectuer une protection provisoire.

Cet argument a été fréquemment employé en faveur des pays en voie de développement, notamment dans le cadre de l'établissement du système généralisé des préférences ; il a été aussi invoqué au cours des siècles précédents par Hamilton (secrétaire au Trésor de George Washington) pour la jeune république américaine, puis, pour l'Allemagne, par Friedrich List (économiste allemand de la première moitié du XIXe siècle, principal inspirateur du Zollverein). On le retrouve aujourd'hui en France, par exemple lorsqu'il s'agit de protéger des secteurs comme l'informatique ou l'électronique. Cette protection peut prendre la forme d'un tarif, d'un quota vis-à-vis des importations, ou bien de subventions ou d'accès privilégiés pour les producteurs nationaux à certains marchés comme les marchés publics.

L'utilisation rigoureuse de l'argument de l'industrie dans l'enfance requiert un certain nombre de conditions :

– les avantages comparatifs potentiels doivent pouvoir être discernés par l'État avant la protection, sous peine de protéger une industrie qui peut ne jamais avoir d'avantages comparatifs réels ;

– il faut pouvoir discerner le moment où, l'industrie devenant compétitive, il est opportun d'annuler la protection ;

– il faut s'assurer que la protection, en fournissant un soutien artificiel, n'empêche pas l'industrie de devenir réellement compétitive et que la protection provisoire ne devienne pas permanente ;

– l'avantage de l'industrie, une fois qu'elle est compétitive, doit pouvoir dépasser le coût subi par les consommateurs lors de la protection.

- ***L'argument de l'industrie sénescente***

L'argument inverse du précédent peut être avancé pour protéger temporairement les vieilles industries ou les vieux produits dans lesquels le pays a perdu son avantage comparatif. Pour faciliter la réallocation des facteurs vers les autres secteurs compétitifs, ce qui ne peut pas être immédiat, l'État va vouloir se protéger temporairement de la concurrence internationale dans ces produits (acier, textiles, construction navale…). Les mêmes excès que ceux signalés dans le cas précédent peuvent se produire : les exemples de la sidérurgie, du textile et des chantiers navals seraient ici encore largement édifiants !

- ***L'argument de recette fiscale***

Le tarif étant une taxe, il engendre un revenu, avec une limite qui est celle d'un tarif prohibitif ; ce dernier n'engendre alors plus aucun revenu, puisqu'il n'y a plus aucune importation. Le pays devrait cependant s'assurer que les coûts du tarif sont moins importants que ceux engendrés par l'application d'une taxe interne.

L'argument du revenu fiscal n'est plus vraiment utilisable dans les pays développés : par exemple, les revenus tarifaires représentent moins de 2 % des revenus fiscaux du gouvernement américain. En revanche, pour les pays en voie de développement, ce pourcentage est considérable ; il peut être supérieur à 50 %.

- ***L'argument de la distribution du revenu***
Le tarif douanier protégera le revenu du facteur relativement rare dans le pays et baissera celui du facteur abondant (Stolper-Samuelson). Ou alors, il protégera la rémunération du facteur spécifique du secteur qui n'a plus d'avantage comparatif (revenu agricole, par exemple, modèle à facteurs spécifiques) [cf. chapitre 2].

- ***L'argument de l'emploi***
On cherche parfois à justifier le tarif douanier par le fait qu'il protège le travail domestique contre le travail étranger bon marché ou contre la concurrence étrangère jugée déloyale.

Cet argument est fallacieux car, même si les salaires sont plus élevés dans l'économie nationale, la productivité peut également être plus importante et donc les coûts en travail, concurrentiels. Si ce n'est pas le cas, le pays n'a pas d'avantage comparatif dans l'industrie considérée. Vouloir protéger de façon permanente cette industrie consiste à vouloir se spécialiser dans un produit pour lequel le pays n'est pas compétitif.

Cet argument est souvent employé par les entrepreneurs qui brandissent la menace du chômage si l'État ne leur accorde pas protection. Face à cet argument, on peut se poser au moins deux questions : combien la protection sauve-t-elle d'emplois ? Combien coûte chaque emploi ainsi « sauvé » ?

Plusieurs travaux ont tenté de répondre à ce type de question. L'OCDE a calculé le supplément de production nationale engendré par les limitations des importations d'automobiles japonaises (OCDE, *Le coût des restrictions à l'importation : l'industrie automobile,* 1987). Elle a notamment montré que le nombre d'emplois sauvés était limité : 20 000 à 35 000 aux États-Unis, 2 000 à 4 000 en Grande-Bretagne, 3 000 à 3 600 en France, et souvent insignifiant par rapport au nombre de licenciements entraînés par le manque de compétitivité globale des constructeurs occidentaux et leur perte de parts de marché extérieur (– 55 000 en France entre 1980 et 1985 pour les constructeurs et – 24 000 pour les équipementiers). Les calculs effectués sur le coût des emplois sauvés (notamment aux États-Unis) indiquent que chaque emploi coûte entre 93 000 et 250 000 dollars à la collectivité nationale, soit entre 500 000 et 1 500 000 francs. Ces éléments devraient être gardés en mémoire pour juger les arguments protectionnistes.

◆ Les arguments de relations avec l'extérieur

• ***L'argument de la balance commerciale***

En augmentant le prix des produits importés, un tarif doit, en principe, en limiter l'importation : la consommation des produits importés baisse au profit des produits nationaux (la substitution des seconds aux premiers dépend toutefois de l'*élasticité de la demande* de produits importés, c'est-à-dire du degré de réaction de la demande à la variation du prix des importations; cette réaction sera d'autant plus limitée qu'il existe peu ou pas de produit de substitution au produit importé). Si cette prévision se réalise, le tarif améliore la balance commerciale. On préférera parfois au tarif, qui reste limité à certains produits, une dévaluation de la monnaie, qui a pour conséquence, entre autres, de renchérir en termes de monnaie nationale tous les produits importés et donc d'en réduire, en principe, la consommation.

• ***L'argument des représailles***

Un tarif peut être pris en représailles de comportements protectionnistes (comme le dumping ou les subventions) de certains pays partenaires. On risque alors d'entrer dans un cercle vicieux d'échange de menaces de plus en plus importantes ou bien de fermeture progressive des frontières, comme cela a été le cas dans les années 1930. Plus récemment, les guerres commerciales entre les États-Unis et l'Europe relèvent de la même logique. Par exemple, l'entrée de l'Espagne et du Portugal dans la CEE au 1er janvier 1986 faisait perdre (du fait du protectionnisme de la politique agricole commune) d'importants marchés aux agriculteurs américains qui exportaient vers ces pays 2 à 3 millions de tonnes de maïs par an. N'acceptant pas cet état de fait, les États-Unis annoncèrent un plan de rétorsion sous la forme d'une taxation de 200 % de certains produits européens (cognac, vin blanc, gin, brandy...); il faut signaler que les États-Unis représentaient alors le premier marché extérieur pour le cognac. Quelques jours plus tard, la CEE annonçait des contre-représailles sur le riz américain... Finalement, fin janvier 1987, la CEE accorda aux États-Unis un contingent annuel sur le marché ibérique de deux millions de tonnes de maïs et de 300 000 tonnes de sorgho.

• ***L'argument de l'indépendance***

L'argument de l'indépendance vis-à-vis de l'étranger peut être mis en avant, que ce soit en matière d'énergie (par exemple, la tentation américaine, en 1979, d'imposer un tarif sur les importations de pétrole en provenance du Golfe) ou de technologie (tarif élevé décidé par le Brésil sur les ordinateurs américains pour développer son indépendance technologique).

- ***L'argument de la défense nationale***

Adam Smith défendait déjà, en 1772, l'*English Navigation Act,* interdisant le transport maritime étranger pour le commerce de produits anglais afin de maintenir le pouvoir de la marine anglaise. De nos jours, de nombreuses interdictions d'importer ou d'exporter (notamment des produits ayant un lien avec la défense nationale) sont encore en vigueur. On citera, par exemple, les règles du COCOM (Coordinating Committee for Multilateral Exports Controls) interdisant d'exporter des technologies de pointe vers les pays de l'Est — à l'heure actuelle, l'URSS demande d'ailleurs un assouplissement de ces règles.

- ***L'argument de l'avantage stratégique***

Autre argument : le renversement de l'avantage comparatif ou la recherche d'*avantages stratégiques*. Les analyses récentes en concurrence imparfaite ont montré que les subventions pouvaient, en donnant un avantage initial à des firmes qui n'étaient pas compétitives, renverser les avantages comparatifs d'un pays au profit d'un autre. L'avantage est alors uniquement stratégique ; le pays qui aura le premier appliqué des subventions pourra obtenir pour ses firmes cet avantage stratégique. Ce phénomène se retrouverait notamment dans les secteurs de haute technologie où la subvention de R&D jouerait un grand rôle dans l'acquisition de position dominante sur les marchés internationaux. La politique de protection tentera alors de contrecarrer ces politiques de subventions dans les pays partenaires en pratiquant à son tour des subventions ou bien en appliquant des tarifs ou des quotas sur les importations de produits faisant l'objet de subventions.

- ***L'argument des termes de l'échange***

Comme cela a été démontré, un tarif augmente les termes de l'échange du pays importateur si celui-ci est un grand pays — ou si des pays se groupent en zones suffisamment importantes, comme la CEE — et donc s'il influence les prix internationaux. Sous réserve de cette hypothèse de grand pays, le tarif est alors meilleur que le libre-échange, ou, plus exactement, il existe un *niveau de tarif optimal* qui, pour le ou les pays concernés, peut être plus bénéfique que le libre-échange.

B/ La mise en place du protectionnisme

Dans une démocratie, les agents économiques vont essayer de faire pression sur le gouvernement, notamment à travers leur vote, pour faire prévaloir leurs préférences en termes de protectionnisme ou de libre-échange. Un véritable marché politique de la protection va alors se mettre en place avec une demande et une offre. La demande de protection sera souvent plus forte que la demande de libre-échange dans la mesure où un certain nombre d'asymétries existera. L'offre de protection sera le fait du gouvernement et de la bureaucratie qui cherchera à se maintenir au pouvoir en satisfaisant les groupes majoritaires ou les plus puissants.

◆ La demande de protection

Cinq phénomènes au moins peuvent renforcer la demande de protection et la faire prévaloir sur les options libre-échangistes.

– *La concentration des agents favorables à la protection.* Les perdants lors d'un abaissement tarifaire sont les groupes d'individus producteurs (entrepreneurs et syndicats ouvriers) appartenant à des industries ou firmes en compétition avec des firmes étrangères sur le marché national et souvent moins efficaces que ces dernières (balance commerciale déficitaire) car n'ayant pas d'avantage compétitif. Ces industries, dans les pays industrialisés, sont celles à forte intensité de main d'œuvre et peuvent être souvent régionalement concentrées (sidérurgie, textile, construction navale). Leur régression peut accroître la menace de chômage ou de désindustrialisation de certaines régions, d'où l'attention qu'on leur porte.

– *L'effet diffus de la réduction tarifaire.* L'aspect positif de la réduction tarifaire, *via* la baisse des prix, est une sorte de bien public qui se diffuse sur l'ensemble de la population ; le produit considéré est un produit parmi l'ensemble de leur consommation, l'impact est donc faible ; de plus, l'abaissement de la protection profite essentiellement aux consommateurs, qui ont tendance à se précipiter lorsque des postes de télévision couleur apparaissent à un prix très bas dans un supermarché, mais ne conçoivent pas de défiler ou de faire pression par l'intermédiaire de groupements de consommateurs lorsque ces téléviseurs sont interdits.

En revanche, les producteurs nationaux, non compétitifs, sont directement touchés par des pertes de marché et d'argent si le produit est celui qu'ils fabriquent. De ce fait, leur réaction sera beaucoup plus intense et visible (comme, par exemple, les barrages sur les routes et la mise à feu des camions étrangers organisés par les agriculteurs directement touchés par les prix agricoles espagnols plus bas que les prix français).

– *La surreprésentation des protectionnistes au Parlement et le marchandage des votes.* Il peut y avoir une forte représentation au Parlement des régions rurales vivant d'agriculture et d'industries faiblement compétitives (textile, sidérurgie). Les positions protectionnistes sont ainsi surreprésentées.

Une sorte de surenchère encore appelée « *log rolling* » peut alors s'établir entre différents groupes protectionnistes. Cela renforce le niveau général de la protection. En effet, deux groupes politiques minoritaires qui défendraient chacun un projet protectionniste pourraient s'épauler, sous forme d'alliances occasionnelles, et faire passer ainsi à la majorité les deux projets.

– *L'intérêt de l'État.* L'État peut être, lui-même, demandeur de protection pour s'assurer des ressources fiscales. C'est le cas dans les pays où il est difficile d'obtenir des recettes fiscales par l'intermédiaire de l'imposition directe. Il peut également être favorable à la protection pour essayer de rétablir un équilibre macroéconomique gravement menacé par un déséquilibre profond de sa balance commerciale.

– *La possibilité d'obtenir une rente de protection.* Un tarif, qui entraîne l'encaissement d'un revenu fiscal par l'État, peut déclencher une lutte parmi les groupes de producteurs pour accaparer une partie de ces revenus fiscaux, par exemple sous forme d'aides. Si un groupe d'industriels, ou une industrie toute entière, peuvent s'assurer une part significative de ce revenu fiscal, ils seront particulièrement favorables à l'introduction de la protection tarifaire ; ils se constitueront même en « *lobbies* » afin de l'obtenir.

◆ L'offre de protection et la situation d'équilibre

La mise en place d'un tarif, comme son niveau, est le résultat d'une décision politique à laquelle prennent part les politiciens, en particulier le gouvernement et l'administration.

On peut supposer que le *gouvernement* est mû par certaines grandes doctrines comme celle du libéralisme ou de l'interventionnisme, mais ces grandes directions sont soumises à des contraintes parmi lesquelles il peut y avoir le protectionnisme. Un gouvernement libéral favorable au libre-échange peut être poussé à une certaine dose de protectionnisme si la pression des lobbies et des événements (détérioration de la balance commerciale) se fait trop forte. En effet, une des priorités pour lui est d'être réélu ; or, autant les consommateurs favorables au libre-échange ne sont pas constitués en groupe de pression, autant les producteurs (patrons et salariés) vont, pour leur part, exercer une influence. Un gouvernement qui n'est pas sûr de sa réélection peut, de ce fait, être tenté de satisfaire les groupes de pression demandeurs de protection afin de se concilier leur vote ou leur soutien.

Le second groupe influençant l'offre de protection est représenté par l'*administration.* Celle-ci joue un rôle important sur l'offre de protection car elle prépare et formule les différents textes sur la protection pris par le gouvernement et est chargée de les appliquer. Les administrateurs sont alors supposés agir de façon à maximiser leur propre utilité, qui peut s'exprimer en termes de prestige, de pouvoir, d'influence ou même de rémunération financière occulte.

La protection obtenue est le résultat des offres et demandes de protection émises sur le marché politique de la protection. Un montant optimal de pression pour obtenir une protection peut alors être déterminé. Les groupes organisés demandeurs de protection compareront, même implicitement, le coût et le bénéfice de leur activité de pression. L'équilibre va déterminer le niveau de protection (la quantité) et son prix, qui peuvent être, par exemple, les ressources collectées par les partis politiques pour défendre les intérêts des groupes de pression.

La situation peut également être décrite en termes d'équilibre entre les groupes demandeurs de protection (les industries heurtées par la concurrence internationale) et ceux qui sont demandeurs d'ouverture à l'échange (les industries compétitives).

◆ Le choix des instruments de protection : tarif ou quota ?

Pourquoi progressivement les barrières non tarifaires ont-elles été préférées aux barrières tarifaires ? Les raisons essentielles sont liées aux phénomènes suivants :

– *L'effet de contournement des principes du GATT.* Les barrières non tarifaires ont augmenté en même temps que les protections douanières baissaient du fait des négociations du GATT. Les premières se sont donc substituées aux secondes, comme s'il y avait une certaine protection incompressible et une volonté de contourner les réglementations internationales en appliquant des barrières moins contrôlées et moins visibles par les instances internationales.

– *L'effet d'opacité des mesures.* La mise en place de nouvelles barrières non tarifaires est très peu connue des consommateurs, du fait de la complexité des méthodes administratives, de la diversité des formes de standard, d'homologation, etc., qu'elles peuvent prendre. De même, le calcul en termes d'équivalent tarif n'est pas connu. L'information est donc encore plus mal connue que lorsqu'un tarif douanier est institué.

– *L'effet de certitude.* Il y a une grande difficulté pour le gouvernement à connaître les comportements des consommateurs. Lorsqu'un gouvernement veut limiter les importations, la mise en place d'un tarif douanier peut ne pas lui donner le résultat escompté. Il faudrait avoir les moyens de prévoir précisément l'élasticité-prix de la demande d'importation des consommateurs nationaux. Une restriction quantitative permet, avec une certitude parfaite et de façon immédiate, de limiter les importations au montant voulu.

– *L'effet de contrôle des mesures.* L'administration a un rôle plus important à jouer dans la mise en place et la surveillance d'un quota que dans celle d'un tarif douanier. Elle sera, de ce fait, plus favorable à un type de protection qui lui donne plus d'importance.

– *L'effet d'appropriation de rente de monopole.* L'acquisition d'une situation de monopole des producteurs nationaux après écoulement du quota (cf. chapitre 6) peut leur assurer une rente de monopole. De la même manière, le quota produit une rente de quota qui profitera aux exportateurs étrangers ou bien aux revendeurs nationaux plutôt qu'à l'État. Ces producteurs seront alors favorables à l'établissement de quotas et chercheront à s'approprier le maximum de la rente ainsi dégagée.

– *L'effet hausse des prix due à la croissance du marché.* Comme on l'a déjà vu, l'instauration de quotas fait augmenter les prix en réponse à toute hausse de la demande du produit puisque les importations ne peuvent augmenter. Aux yeux de l'État importateur, cela empêchera tout dérapage de la consommation du produit. Aux yeux du pays étranger exportateur, il sera possible de regagner sur la hausse des prix ce qui est perdu du fait de la limitation des quantités.

◆ Le choix des protections non tarifaires : quota ou restrictions volontaires ?

En plus des principaux effets relevés en faveur du quota, certains avantages peuvent apparaître comme plus spécifiques aux restrictions volontaires.

– *La transgression des règlements du GATT.* Les restrictions quantitatives étant interdites, les États protectionnistes, pour ne pas trop transgresser cette interdiction, vont avoir tendance à privilégier les restrictions volontaires aux échanges, en reportant sur le pays exportateur la décision « officielle » de limiter ses échanges.

– *La discrimination entre les pays fournisseurs.* Si cette forme de protection va à l'encontre d'un certain nombre de principes du GATT, elle est également discriminante, les restrictions volontaires étant négociées de façon bilatérale entre deux pays. Ce qui veut dire que les différentes sources des importations peuvent être traitées différemment. Cette possibilité d'application sélective est attractive pour le pays importateur, qui peut ainsi négocier avec l'exportateur le plus dangereux, tout en laissant un semblant de libre-échange sur le produit en question.

– *L'aspect occulte de la restriction.* Cette forme de protection est parfois encore plus occulte que les quotas, dans la mesure où il est très difficile de connaître la nature exacte de la restriction et son évolution; de ce fait, ses effets sont difficiles à chiffrer. Cela représente un avantage pour le pays importateur (qui n'a pas intérêt à ce que le coût de la protection soit révélé aux consommateurs), et affaiblit d'autant les partisans de l'abolition des restrictions.

– *L'intérêt pour le pays exportateur à s'approprier la rente.* Les États exportateurs touchés accepteront plus volontiers cette forme de protection dans la mesure où ce sont eux qui recueilleront la rente. Ils peuvent, en quelque sorte, se considérer comme dédommagés de la restriction volontaire.

Conseils bibliographiques

Deux niveaux de références : ❍ pour l'initiation, ❍❍ pour approfondir.

Histoire des relations économiques internationales

❍ KENWOOD (A. G.), LOUGHEED (A. L.), *The Growth of the International Economy, 1820-1980, An Introductory Text,* Londres, G. Allen & Unwin, 1983.

❍❍ BAIROCH (P.), *Commerce extérieur et développement économique de l'Europe au XIXe siècle,* Paris, Mouton EHESS, 1976.

Faits et théorie du commerce international

❍ GATT, Rapport annuel du GATT : *Le commerce international en…,* Genève, GATT.

❍ LAFAY (G.), HERZOG (C.), *Commerce international : la fin des avantages acquis,* Paris, Economica, 1989.

❍ RAINELLI (M.), *Le commerce international,* Paris, La Découverte, 1988.

❍❍ MUCCHIELLI (J.-L.), *Principes d'économie internationale,* Paris, Economica, 1987.

Faits et théorie de la firme multinationale

❍ BONIN (B.), *Le monde des multinationales – nature, organisation, rôle,* Paris, Les Éditions d'Organisation, 1987.

❍❍ MUCCHIELLI (J.-L.), *Les firmes multinationales – mutations et nouvelles perspectives,* Paris, Economica, 1985.

❍❍ RAINELLI (M.), *Les investissements étrangers aux États-Unis,* Paris, Economica, 1990.

Politiques commerciales et protectionnisme

❍❍ LASSUDRIE-DUCHÊNE (B.), REIFFERS (J.-L.) [éditeurs], *Le protectionnisme,* Paris, Economica, 1985.

❍❍ MUCCHIELLI (J.-L.), *Économie internationale,* Paris, Dalloz, 1990.

Imprimé en France par I.M.E. - 25110 Baume-les-Dames
Dépôt légal n° 3919-03/1996
Collection n° 75 - Edition n° 02
14/5041/0